電影與道德推理

——兩難困境的抉擇與出路——

薛清江——著

■ 國家圖書館出版品預行編目資料

電影與道德推理──兩難困境的抉擇與出路 /
薛清江著. ─ 初版. ─ 高雄市 : 麗文文化,
2015.12
　　面 ;　　公分
ISBN 978-957-748-629-5(平裝)

1.通識教育 2.電影 3.高等教育

525.33　　　　　　　　　　104028671

電影與道德推理──兩難困境的抉擇與出路

初版一刷・2015 年 12 月　初版二刷・2020 年 8 月

著者	薛清江
發行人	楊曉祺
總編輯	蔡國彬
美術設計	倪珞婷
編排	蔡晨儀
出版者	麗文文化事業股份有限公司
地址	80252高雄市苓雅區五福一路57號2樓之2
電話	07-2265267
傳真	07-2264697
網址	www.liwen.com.tw
電子信箱	liwen@liwen.com.tw
劃撥帳號	41423894
臺北分公司	23445新北市永和區秀朗路一段41號
電話	02-29229075
傳真	02-29220464
法律顧問	林廷隆律師
電話	02-29658212

行政院新聞局出版事業登記證局版台業字第5692號

ISBN 978-957-748-629-5

麗文文化事業

定價：200 元

目錄 CONTENTS

序言

　　這是一本專為「電影與道德推理」通識課程所撰寫的教科書，設定的讀者主要是對這門課感興趣的學生，以及一般有哲普閱讀習慣的社會大眾！

　　筆者在科技大學開設這門課多年，對於在此課程裡究竟要帶給學生什麼，一直是教學過程中不斷反思的問題。歷經數年「如何在課程中進行較深刻的倫理思辨」與「扣緊學生屬性與生命經驗的議題設定」間之動態辯證與調整，終於慢慢摸索出相對較為穩定的課程架構，並找到能與實際課程搭配的教學文本體例。

　　在數位科技當道的今日，同學們不僅不再習慣閱讀書本文字，連觀看影像也因智慧型手機的干擾而無法專心。依筆者課堂中的觀察，播放影片若是超過二十分鐘或是劇情推進的節奏太慢，同學要不是昏昏欲睡，要不就是開始低頭做自己的事。而在期末分組報告時要求他們針對所選電影中的道德兩難進行剖析，多數報告都只停留在人物和情節的介紹，對於影片裡涉及的倫理議題及相關背景，僅有少數組別做出比較深刻的討論。有道是「外行看熱鬧，內行看門道」，作為集繪畫、攝影、建築、表演等不同領域知識於一身的電影，其實有許多值得討論的地方，而筆者希望能在這門課中帶領同學看到一些門道，並對自我和人性有更深刻的反思。

　　猶記課堂討論對話中，每當談及一些難以抉擇的情境時，同學習慣丟一句「船到橋頭自然直」的格言來回應筆者的追問。聽到這樣的答案，總覺得這種樂天知命的話不該如此輕易脫口而出，因為同學實在太低估將來要面對

的現實處境了。校園裡，筆者常常看到不少同學幾乎是憑著本能或衝動在行事；或是高估自己的能耐而作出後果難以收拾的決定、甚至是什麼決定都不下而過著漫無目標的生活。想跟同學說的是：船到橋頭很少會自然直；掌舵手不夠凝神專注、碼頭天候不佳，都會讓船跌跌撞撞，甚至出現進退兩難的困境！

我們其實活在一個複雜、混亂且充滿困惑的世界。運氣好的話，許多難關不知不覺就從身邊閃過；運氣不佳時呢？（偏偏這種時刻特別多！）我們會開始察覺許多現實的憂患，並離以前的單純美好愈來愈遠！不信的話同學可以稍微思考一下念了大學後出現以前不必煩惱的抉擇：要認真讀書還是打工賺錢？要休學還是繼續拿學歷？要蹺課還是繼續忍受上課的無聊？要交男（女）朋友還是維持一個人的自在？要忠於自己還是融入班上的小團體？畢業後要再念研究所還是趕快就業？小自出門要怎麼搭衣服、吃飯，大到將來的生涯規畫，都會讓我們煩到不行！

由於每個人都是獨一無二的個體，所會遭遇的具體困境也十分細微複雜，有時候還真找不到可以討論的對象呢！一來朋友不見得剛好有時間和心情可以陪你聊，二來你所遇到的問題朋友可能沒有相應的經驗可以提供建議。此時，徬徨無助的獨處時光裡，看電影就是一個自我對話與尋找出路的好策略！首先，人類是生活在故事中的動物，透過電影情節讓大腦模擬演練未知情境的因應之道，有助於我們培養面對現實與適應社會所需的各種技巧；因為故事之中充滿著主角在困境之中試圖努力逃脫的情節，我們可以不必耗費大量的時間和成本去親自經歷，便可學習到許多人類的文化和心理經驗。

其次,電影情節雖然是虛構的,卻能真實地反映出個人對於生命型態的掌握與理解;它不僅是單純的知識訊息,更直指個人的情感與生命經驗。人生如戲,戲如人生,電影敘事不僅告訴我們「現實已發生什麼」,它還能提供我們「將來可能會發生什麼」的預知洞見!如果我們的性格或情感型態和電影主角很像,那麼極有可能從電影中看到自己未來的處境。

寫了這麼多,目的還是邀請同學乘著「電影」來一趟「道德推理」之旅!要是你對電影不排斥,又常常會對自己的生活感到困惑,那麼本課程內容將能讓你對自己的處境與生活更有想像力,並幫助你找到改編人生故事的能量與勇氣!

第 一 章

導論

聚焦「倫理兩難困境」的道德推理通識課程

電影檔案：

片名：紅翼行動（Lone Survivor）

導演：彼得‧柏格（Peter Berg）

演員：馬克‧華伯格（Mark Robert Michael Wahlberg）、泰勒‧基奇（Taylor Kitsch）、艾米里‧荷許（Emile Davenport Hirsch）、班‧佛斯特（Benjamin A. Foster）、艾瑞克‧巴納（Eric Bana）

長度：121 分

出版公司：環球影業

出版年份：2013

一、前言

　　每部電影都是懸疑片。無論哪種類型,每部電影都要不斷燃起觀眾的欲望,想要「翻到下一頁」,趕快看看事情到底是怎麼發展。當電影一步步揭露新的訊息和演變,主角所陷入的兩難困境也會愈來愈難抽身。這種「揭露困境」和「加深困境」之間的交互強化,就產生了懸疑感。(藍道,2013:60)

　　每一場戲都必須有衝突點。電影是因為衝突而存在,衝突讓電影有機會發展出戲劇感、解決方案、新的領域,幽默和悲劇。電影裡的每一場戲,即便是看似無害的幸福求婚或天真無邪的童年嬉戲,都必須要能營造或強化衝突。爭執衝突的表現手法可以溫和低調,也可以明目張膽,可以是某種潛流,也可以甜蜜和搞笑。(藍道,2013:34)

　　歧見經常是存在於公領域的不同黨派不同意見團體之間。有時歧見卻是存在於內心,當棘手的道德難題讓我們不知如何是好,心中充滿矛盾之時。但是,針對某個具體狀況的判斷要怎麼經過理性思辨,變成一體適用的正義原則?簡言之,道德思辨應具備何種形式?要把道德思辨的形式搞清楚,讓我們看看兩種情況,一是哲學家已經討論很多的虛構故事,另一個是真實發生過的兩難困境。(桑德爾,2011:27-28)

　　如果在同學們的書桌前放一本哲學書和電影 DVD,筆者猜大多數會選後者,因為電影敘事的手法不斷推陳出新,目的就在緊抓觀眾的目光。只是,不同於電影為衝突而衝突所刻意營造的困境,現實生活中的兩難困境

少了些戲劇性，多了些切身性。儘管如此，電影不僅告訴我們發生了什麼事，還告訴我們「事情可能怎麼發生」，而這種「可能性知識」有助於看清自我的限制與將來的可能出路！誠如霍華・蘇伯（Howard Suber）在《電影的魔力》中所言：「在戲劇中，智慧就是處理未知與不可預期事情的能力，英文裡也稱為"street smart"，也就是一種從街頭上、從現實生活中所學到的智慧。」（蘇伯，2012：223）

　　本書最大的特色在於從個別電影困境切入，帶領同學們進行道德推理；亦即從微觀的、可能切身的電影情境出發，漸漸導入該情境可能涉及的道德兩難議題。為此，我們不會天馬行空地設想極不尋常的例子，而是扣緊較能引發同學們「感同身受」的道德抉擇情境來進行討論。只要同學們能覺察我們列舉的道德情境，極有可能發生在他們自己或周遭親朋好友的身上，那麼倫理學對他們而言就不再那麼難以親近。筆者的意圖不在於推銷某種可以用來完全解決這些道德困境的倫理學說，而是要藉此激起同學們的道德關懷和解決該困境的思辨能力。在這樣的基礎上，我們進一步要求學生們學著運用這些理論，來為自己所面對的困境進行推理與抉擇。

二、電影敘事融入
倫理教學的嘗試

　　現實生活中其實到處可以找到道德困境的題材，同時，在文學、電影、電視影集這類主題中，總是最能製造戲劇效果和吸引觀眾的目光。我們發現，不管是什麼樣的電影類型，當中的情節中總有許多與道德相關衝突情境，十分適合用來引導對倫理學毫無概念的同學們。看電影除了是一種娛樂外，它還具備豐富的教學功能。鮑得威爾（David Bordwell）在《電影敘事：劇情片中的敘述活動》指出，能否看懂一部影片，其中牽涉到觀眾本身的跨文化理解力與固有的學習能力；除了接收電影所帶來的感官娛樂刺激外，觀眾還會以自己的生命經驗與過去的經歷來建構故事，並試圖理解其中的意義與一致性。（鮑得威爾，1999：87）

　　在倫理學的教科書上常會提到許多有趣的例子，只可惜這些例子大多用來作為輔助說明，理論的論述才是主軸。對於從未接觸過倫理學議題的學生而言，我們認為從電影和戲劇中大量萃取與道德有關且貼近他們生活經驗的兩難困境，透過教學者的倫理學理論解析，反而比純粹的理論介紹更能引發同學們的學習興趣。

　　以桑德爾的正義課中曾提到 2005 年 6 月發生在阿富汗的海豹部隊真實事件為例，電影的呈現方式更能吸引不熟悉道德爭議的學生。該案例情境如下：美國海軍士官魯特爾（Marcus Luttrell）帶了三位弟兄，為了追查親近賓拉登的一位領袖而深入阿富汗山區村落裡。途中遇到手無寸鐵的二位牧羊人和一位十四歲男孩，而魯特爾一行人抓住他們後便陷入如下的道德爭論：

「殺害手無寸鐵的平民會對不起自己的良心／放走他們會讓自己的弟兄們陷入險境」。他們後來決定放走這三人，結果這三人果然去通風報信，造成魯特爾與其他弟兄們傷亡慘重。（桑德爾，2011：31-34）這個真實故事在2013年被改編成《紅翼行動》（Lone Survivor），對前述的衝突點有其影像式的演繹和呈現，若能善用其中的相關片段再來討論，相信可以有事半功倍的成效。

　　這種將電影中的道德困境融入到倫理學教學之嘗試，在實際上課的進行中，將採取一種有別於以往由教師一人演講的授課方式；套句專業術語來說，這是一種「敘事方式」的改變。「敘事」概念常出現在文學、電影、藝術、心理諮商理論中，我們在此只將它簡單界定為一種「講故事的方式」。故事人人會講，但它究竟能不能吸引人，敘事的手法是個關鍵。一個老掉牙的故事內容，在不同的敘事下（例如：倒敘、不同時空重組、多線索同步交錯進行、意識流式的跳躍等等）能重新在觀眾的眼光中復活。依此類推，一門看似容易淪為道德說教的倫理通識課程，透過不同的敘事方式，亦能重新展現不同的風貌，並帶給學生們一些實質的啟發。

三、聚焦「倫理兩難困境」的道德推理通識課程

廣義來說，「道德」（moral）和「倫理」（ethics）都被用來指人們的道德行為。就英文的字源來看，它們分別來自拉丁文和希臘文的 'mores' 和 'ethos'，意指一種習俗和文化的精神。在哲學的討論中，「倫理學」（ethics）和「道德哲學」（moral philosophy）亦常被合在一起使用，我們在此書中亦不加以嚴格區分。不過我們想沿用波伊曼在《生與死：現代道德困境的挑戰》一書中所作的區別。他認為「倫理」有時指的是對道德的哲學分析，以系統化的方式來瞭解道德觀念，並對道德理論和原理提出反省和批評。（波尹曼，1995：6）

這樣的區別比較接近本課程所設定的目標：帶領學生對一些道德情境進行倫理思辨。個人處於社群中，很難不受到習俗和文化影響，就算我們不願意跟他人或外在事務打交道，也難免會「涉入」（involve）許多與「對錯」、「好壞」、「可允許的」和「應該」等等的倫理判斷。沒有人能完全置身事外，因此在面對一些道德問題時都必須做出判斷或抉擇，而以倫理學的概念和論證來探討個人在實際情境下該怎麼做的思維判斷，一般稱之為「道德推理」（moral reasoning），它其實就是「倫理推理」（ethical reasoning）：從倫理學的角度，思索推敲道德、文化、習俗中一些不合理的地方。

由於同學們在進入大學之前，幾乎未曾接觸過相關的課程且缺乏先備知識，因此在教學策略上無法再因循專業哲學課程的模式，甚至連桑德爾正義課的教學方式也很難直接套用。因此，本課程將重心放在跟學生生活經驗比較相關的「道德困境」（moral quandary），並藉此引入傳統或應用倫理學中的概念和理論。此外，其他凡是有助促於啟發學習興趣的「道德心理學」、

「人的脆弱性」、「道德運氣」、「精神分析」、「社會學」、「文化研究」、「情感理論」、「數位科技倫理」和「職業倫理」等跨領域知識，都會是筆者試圖轉化並傳遞給學生的文本資料。

這裡的「道德困境」泛指個人在行動上所碰到的「艱難處境」（hard cases）「道德衝突」（moral conflict）或「道德兩難」（moral dilemmas）。（黑爾，1991：34）這些困境產生的原因眾多，分別有理性、道德義務、道德原則、道德動機、道德角色等等，它們共同的特徵是當事者（agent）在面對這種情境時，會處於難以抉擇和進退兩難的窘境；有的困境只是暫時的，隨著時間的遷移或實際的作為而可能出現轉機，有的則是不管當事者怎麼努力都無法解套。

道德困境的複雜性，可以用底下三個例子來說明：

例一：在柏拉圖（Plato）《理想國》卷一中，名為塞伐洛斯（Cephalus）的對話者將正義界定為欠錢還債。蘇格拉底對此提出質疑，並認為這種行為有可能是錯的。如果把向朋友借來的武器還給他，而他的心智又不正常時，我們該不該還他？（柏拉圖，2014：9-11）

例二：我答應了孩子去野餐，突然老朋友從遠方來訪，而這位朋友只能停留一個下午，希望我能夠陪他走走。顯然，我應該陪這位老友，同時，我也應該遵守對小孩子的承諾。（黑爾，1991：35）

例三：存在主義哲學家沙特（Sartre）曾提到，有一位學生的兄弟在 1940 年德國入侵時被殺，道義上，他應該去巴黎照料父母，但同時在道德上他也應該去英國參加「自由法國」，同納粹作戰好替兄弟報仇。（Sartre, 1957：24-25）

在這三個例子中，困境的程度有所差別，解決問題的難度也因而不同。在例一，我們只要等到那位朋友心智較正常時再還他武器就可，在「守信」和「可能傷害他人」之間還不致於難以抉擇。至於例三則比較棘手，它屬於一種「道德兩難」的情況，條例陳述如下：

1. 他（她）應該做 A 這件事。
2. 他（她）應該做 B 這件事。
3. 他（她）不能夠同時做 A 和 B。
4. （1）沒有比（2）來得優先；（2）也不比（1）來得優先。

相較之下，此種困境的特色在於：不管你做 A 或 B 都錯，而你又不能不下決定，但下決定時又無法分清那一個情境是比較具有優先決定性（overridingness）（Sinnott-Armstrong, 1988：15）。在柏拉圖的《理想國》中「欠錢還債」的例子，基本上我們只要排出優先順序，這個困境就能迎刃而解，但在沙特所舉的例子中要區別出「孝順父母」和「為兄弟報仇」哪一個優先，就顯得困難許多。因為有兩件一樣重要的事突然同時出現（如黑爾例子中朋友突然來訪），而我們一時之間又無法決定那一件事較具優先性。這類型的兩難，有時候會十分難解並出現悲劇般的結果；亦即，在此處境中，不管當事者怎麼做（甚至不做），他的行為都是錯的。這種處境最常出現在我們每天觀看的電視和電影的劇情中，牽動著觀眾的目光和心情。這種處境愈是難解，愈能拉高收視率和增進觀看的樂趣。雖然說「戲如人生，人生如戲」，在真實世界中有時的確會發生許多和電影、戲劇類似的情節，但這類的處境畢竟在生活不是那麼常見，要不然現實中的我們大概早就瘋掉了。

就這些困境的難易程度及牽涉到的諸多因素來看，這裡頭有許多衝突點可以拿來跟同學們討論。例如：在兩難情境中，我們到底該怎麼判定和排

列這些道德原理的「優先性」？道德衝突出現時所涉及的不同價值，有辦法放在同一標準下評量嗎？道德衝突中的動機性、義務性、情緒性等等內在因素，在道德推理中擁有什麼樣的影響力？社會文化的形塑力與個人所扮演的角色，在道德推理中有什麼樣的重要性？當衝突的根源在於「我們是哪一種人」時，如何避免以悲劇式的性格衝撞之？

　　道德困境是否一定有解決之道，仍然是倫理學上爭論不休的議題。以傳統倫理學來說，康德（Immanuel Kant）的義務論（deontology）和穆勒（J. S. Mill）的功利主義（Utilitarianism）皆認為道德困境或道德兩難並不存在，在各自的最高倫理原則之下皆可獲得解決。以效益論為例，該學說以結果最大化來評判行為的對錯，具有結果論（consequentialism）的特色。持此理論者，「結果」具有最高優先性（穆勒，2014：3-10）。至於以康德為代表的義務論則強調，判斷行為對錯的準則不在於該行動達成的結果，而在於該行動是否能符合「普遍化原則」。因此，對義務論而言，普遍化的原則具有最高優先性（康德，2015：42-43）。對這兩種學說的捍衛者而言，道德衝突只要依照各自的判準便得以消解。

　　然而，有些倫理學家則持不同的意見，並認為道德兩難的情境的確存在，至於是否可解，則牽涉到許多複雜的討論，不能單單訴諸某一倫理原則來解決。例如：義務論的代表人物之一羅斯（W. D. Ross）認為道德行動是一個複雜綜合體，人們除了考量結果，也關心行為本身。他既無法接受康德的普遍化原則，也不接受效益主義的一元化標準。因此，他提出「表面義務」（prima facie duty）概念來作為道德衝突時評判的標準。所謂「表面義務」是使行為成為道德行為的傾向，它本身還不是實際義務。他總共提出六種表面義務：（1）基於過去行為所產生的義務；（2）感恩；（3）正義；（4）慈善；（5）自我改善；（6）不傷害別人。當衝突產生時，我們可根據它們

的強度和嚴格性來決定那一種較為優先，而沒有那一種義務具有絕對優先性，最後訴諸的判準為個人的直覺。（Ross, 1988：19-22）

對此，黑爾（R. M. Hare）認為羅斯過於著重直覺層面的判準是有問題的。他在《道德思維》一書中區分「直覺層面」（intuitive level）和「批判層面」（critical level）兩種層次的倫理思維，他認為在直覺層面上有些道德衝突是無法消解的，但在批判的層面上卻有可能消解，而所謂的「悲劇處境」只不過是戲劇或電影中為吸引觀眾的橋段罷了！（黑爾，1991：41）

是否透過理性的批判可以解消所有的衝突？我們常看的電影中「悲劇般的衝突」真的只是戲劇效果而與現實人生無關？就此，納斯邦（Martha C. Nussbaum）提出一種亞里斯多德（Aristotle）的「目的論」（teleology）觀點。在倫理學中，「目的論」指某一項行為或某一項行為規則之對錯，要根據這個行為或這個行為規則所趨向的目的來判斷。在此立場下，所謂的倫理規則、道德律變成是一種獲致某種善的手段，這一點和義務論將道德規則本身視為好的，道德律本身就是目的之主張截然不同。而在人生的問題上，目的論立場主張，人生的活動所要追求的最終目的是幸福，同時，該幸福是一種符合德行的完滿生命活動。在此理論基礎上，納斯邦認為只要我們不放棄追求「好的生活」（the good life）或「幸福」（eudaimonia），便會碰觸到多元價值的情境，而這種「實踐」本身具有極度的複雜性和深刻之處，它除了受到外在環境中的各種偶然因素所影響，更與當事者本身人的內在結構關係交互作用著，理性原則能解決的範圍其實相當有限。（納斯邦，2007：7）

總括上述的爭議，筆者認為倫理思維的批判反思雖然有助於道德衝突的解決，但是由於每個人生命的獨特性與可能面對困境的複雜性，理性思維其實有其限制，因此，除了理性智慧外，困境發生時所涉及的價值、情感、欲望等相關面向，也都是個人必須正視的實踐智慧。因為許多人性、

情感或價值所引發的衝突並無法以單一簡化的原則來消弭，攸關個人幸福的東西從來就不可能是簡單易解的！對常常依本能或衝動作抉擇的年輕學子而言，他們更需要對跟自身有關的價值領域的倫理思辨，所以，本課程除了介紹相關的倫理學的典範知識外，更希望能引導他們認識更多與將來人生有關的實踐智慧。而「倫理兩難困境」中的複雜情節與多樣性，無疑是達成這項教學目標的最佳路徑！

四、課程架構的安排與
電影選擇的參考依據

就一門「道德推理」的通識課程而言，什麼樣的電影比較適合用來搭配授課專題？在課程架構的設計上，哪些主題內容比較能夠抓住同學們的學習注意力與帶入更深刻的倫理反思？每年上映的電影那麼多，若再加上電影史上曾出現過的影片，又該以什麼樣的標準來篩選出主題電影？這些疑惑不僅是讀者會有，就連筆者在設計與實際操作這門課時，也不時浮現。

若回歸筆者開這門課的初衷，就可勾勒出設計課程與選擇電影的方向與輪廓。看電影是筆者熱愛的興趣，喜歡從電影情節與主角的際遇來跟自己現實中遭遇的困境作對照；在此虛擬影像世界中，自己追求理想過程不斷受挫下的逃避心理得以棲息或療癒，並在回到現實世界後跟著劇情思索突圍之道。雖然不見得每次都有解答，但至少在許多難過的困境中不致於跟著負向情緒暴走，或是讓自己困在某個關卡中太久。筆者想把這樣的經驗透過課程傳遞到同學身上，讓他們在碰到類似的情境時有個參考和對話的對象。然而，這種「己所欲，施於人」的好意不見得能傳到同學身上，這中間的鴻溝除了因筆者的年紀和生命經驗離他們愈來愈遠外，並跟同學在進入教室時缺乏學習意願與問題意識有關。對很多同學而言，電影只有娛樂的功能，至於人生的許多可能重大困境也未有切身的感受，再加上缺乏現實感與外在環境的敏感度，他們對於許多人際間的互動、衝突與複雜性相當無感。

為了拉近「教」與「學」之間的距離，筆者從 96 學年度開設此門課起，便不斷透過問卷調查與訪談對話來試探什麼樣的議題與電影較能貼近同學們的生命經驗，並在每學期課程中做調整。透過實際教學觀察學生學習反應，筆者確立了底下這個易於操作且較確實可行的課程架構與主題：

課程架構	授課主題	主題電影	道德兩難	相關倫理學說
從同學們讀大學與平時上課的經驗出發，探討其中涉及的切身兩難議題	導論	《紅翼行動》	救人/自救	效益論與義務論
	讀大學的兩難	《大學記》《大學記兩年後》	為自己念大學/為別人念大學	現實與理想之間的思辨價值論
	虛擬與真實切換的兩難	《啟動原始碼》	經驗機器/接觸真實	快樂論與虛擬主義
從科大學生最關切的課題出發，它們看似只與個人有關，實際上則涉及與他人的密切互動	愛情中的兩難	《四月物語》	暗戀/告白	《邱比特的箭》
	友情中的兩難	《非關男孩》	個人/他人	亞里斯多德倫理學「關係善」理論
	祕密中的兩難	《桃樂絲的祕密》	保守祕密/生命根本計畫	《道德運氣》人性論
探討文化體制對個人的影響，以及將來面對求職工作時所可能出現的問題	文化體制中的兩難	《東尼瀧谷》	原子式的個人/體制的壓迫力	《菊花與劍》《地下鐵事件》
	職場上的兩難	《造雨人》	金錢的誘惑/職場的倫理	專業倫理學

　　筆者必須承認上述所選用的電影對許多人而言有些陌生，而講義內容的文字陳述也過於精簡。以〈愛情中的兩難〉所用的《四月物語》來說，坊間明明有不少更好看的愛情電影，用年代這麼久遠的片子，同學們會不會都睡光了？老實說，在還沒使用之前筆者也有同樣的疑慮，但實際播放相關片段之後卻發現他們專注投入的程度比看其他影片好，相較於三角戀、男歡女愛、劈腿情傷等劇情，劇中談「暗戀」的青春情事反而是大部分同學的共同回憶，特別是未談過戀愛者也能參與！而〈祕密中的兩難〉所選的《桃樂絲的祕密》更是有點歷史的老片，電影上映時有些同學可能還沒出生。當初純粹憑著筆者對史蒂芬・金說故事能力的信賴，沒想到所描述女性的生命經驗，打動了許多來自單親、隔代教養背景的同學。其他專題的影片也都以類似的方式來確認，凡是會讓同學昏睡一半以上的影片，下個學期都會再找更合適的來試用。像是〈虛擬與真實切換的兩難〉在選定《啟動原始碼》之前，就曾試用了《駭客任務》、《攻殼機動隊》、《攔截記憶碼》、《全面啟動》、《盜夢偵探》等科幻電影，但後來都因實際

上課時無法帶動學生的參與和學習成效而放棄。當然，並不是學生覺得好看且不會睡著的影片就值得拿來上課討論，有些「爽片」其實找不到經得起討論的內容。總之，筆者盡量在「好看」和「有料」間取得平衡，而將來若有更適合的影片出現，且能帶動課程議題的講解，也會成為之後替換的選項。

至於各章會以如此精簡的方式呈現，則是考慮到數位科技衝擊下，學生紙本書籍閱讀能力的低落之故。以筆者所處的教學現場為例，除了少數幾位具有閱讀習慣的同學會帶講義來上課並做課前預習，大多數同學常常兩手空空，且注意力幾乎都被桌上的智慧型手機所吸走。而為了強化這門課的文本閱讀與問題討論深度，精簡文本可以在課堂中很快閱讀，對於背景知識不足且學習意願不高的同學負擔不會太重，並有助於訓練他們的專注力與在分組討論時更能言之有物；至於學習意願較高或程度較好的同學，則可以進一步參考各章中的「推薦影片」與「參考與深度閱讀書目」，以彌補筆者授課上的時空限制。

五、推薦影片

紅翼行動 （Lone Survivor）	彼得・柏格 / 馬克・華柏格、泰勒・基奇、 艾米爾・賀許、班・佛斯特	122 mins	博偉 影視 /2013
搶救雷恩大兵 （Saving Private Ryan）	史蒂芬・史匹柏 / 湯姆・漢克斯、湯姆・賽斯摩、 艾德華・伯恩斯、巴瑞・派柏	169 mins	派拉蒙影業 /1998
殺手沒有假期 （In Bruges）	馬丁・麥多納 / 柯林・法洛、雷夫・范恩斯、 布蘭頓・葛利森、克蕾曼絲・波西	107 mins	群體 /2008
第 36 個故事 （Taipei Exchange）	蕭雅全 / 桂綸鎂、張翰、林辰唏	88 mins	原子映象 /2010
羅生門 （Rashomon）	黑澤明 / 三船敏郎、京町子、森昌行、志村喬	88 mins	新動 /1950
kuso 小紅帽 （Hoodwinked）	柯瑞・愛德華、泰迪・愛德華 / 葛倫・克羅絲、安・海瑟薇、吉姆・貝魯西	80 mins	群體工作室 /2006
絕命毒師 （Breaking Bad）	文斯・吉利根 / 布萊恩・科蘭斯頓、安娜・岡、 亞倫・保爾、丁恩・諾里斯	558 mins	索尼影視電視公司 /2013
急診室的春天 （ER）	Lee H.Katzin/ Maura Tierney、Mekhi Phifer、 Parminder Nagra	15180 mins	華納兄弟影視 /2007
怪醫豪斯 （House）	布萊恩・辛格 / 休・羅利、莉薩・埃德爾斯坦、 歐瑪・艾普斯	7434 mins	環球影業 /2004
疑犯追蹤 （Person of Interest）	強納森・諾蘭 / 吉姆・卡維佐、邁克爾・愛默生、 莎拉・夏希、凱文・查普曼、艾美・艾克	990 mins	壞機器人製片公司 /2011

六、參考與深度閱讀書目

參考書目

- 亞里斯多德（Aristotle）（2001）。《亞里斯多德倫理學》。臺北：臺灣商務。

- 波伊曼（Louis P. Pojman）（1995）。《生與死：現代道德困境的挑戰》。臺北：桂冠文化。

- 柏拉圖（Plato）（2014）。《理想國》。臺北：聯經。

- 納斯邦（Martha C. Nussbaum）（2007）。《善的脆弱性：古希臘悲劇和哲學中的運氣與倫理》。南京：譯林。

- 桑德爾（Michael Sandel）（2011）。《正義：一場思辨之旅》。臺北：雅言文化。

- 桑德爾（Michael Sandel）（2012）。《錢買不到的東西：金錢與正義的攻防》。臺北：先覺。

- 黑爾（M. Hare）（1991）。《道德思維》。臺北：遠流。

- 鮑得威爾（David Bordwell）（1999）。《電影敘事：劇情片中的敘述活動》。臺北：遠流。

- 藍道（Neil Landau）（2013）。《好電影的法則：101堂電影大師受用一生的UCLA電影課》。臺北：原點。

- 康德（Immanuel Kant）（2015）。《道德底形上學》。臺北：聯經。

- 蘇伯（Howard Suber）（2012）。《電影的魔力：Howard Suber電影關鍵詞》。臺北：早安財經。

- 穆勒（J. S. Mill）（2014）。《功利主義》。北京：商務印書館。

- W. D. Ross(1988). *The Right and the Good*. Hackett Pub Co Inc.

- Sinnott-Armstrong, Walter(1987). *Moral Dilemma*. New York:Blackwell.

深度閱讀

- 吉安那提（Louis Giannetti）（2010）。《認識電影》（修訂第十版）。臺北：遠流文化。

- 徐向東（2007）。《自我、他人與道德：道德哲學導論》（全二冊）。北京：商務印書館。

- 斯特巴（James P. Sterba）（2009）。《實踐中的道德》。北京：北京大學。

- 簡政珍（2006）。《電影閱讀美學》（增訂三版）。臺北：書林。

- Jacoby, Henry(ed.)(2009). *House and Philosophy*. New Jersey: John Wiley & Sons.

- Sartre, Jean Paul(1957). *Existentialism and Human Emotions*. Citadel: Reissue edition.

第 二 章

讀大學的兩難

紀錄片《大學記》中「為別人拿學歷」與「為自己讀書」的兩難

電影檔案：

片名：大學記（University Matters）、大學記兩年後（University Matters: Two Years Later）

導演：劉嘉圭、江映青

演員：賴逸軒、張凱翔等人

長度：44、21 分

出版公司：國立成功大學醫學、科技與社會研究中心

出版年份：2012

一、前言

只有當教育能夠產出自由公民時，教育才是真正「合於自由的」；這時的公民之所以自由，不是因為財富或出身，而是因為他們可以說他們的心智是他們自己的。男與女、生而為奴與生而自由、富與窮，都能深入瞭解自己，並且發展一種能力，把「習慣和習俗」和「他們能用論證來辯護的東西」給區分開來。他們的思考與言說都是他們自己的，這就給了他們一種遠非階級與地位這些表面虛榮可比的尊嚴。（納斯邦，2010：367）

在這個文憑貶值而能力重於學歷的時代裡，每一個人除了要善用學校的資源去培養自己在職場上的各種能力，更要善用學校的資源去思索什麼是愛情和人生的幸福，也努力培養攸關人生幸福的其他能力。人生的幸福是靠持續的努力和多種不同能力共同作用的結果，而非只靠收入或職場的成就就能有功。（彭明輝，2012：84）

讀大學這件事，表面上看起來是件相當美好的事，但對許多同學而言，背後卻有許多不得已的苦衷。以筆者這幾年所面對的通識選修學生而言，除了明顯表現在臉上奄奄一息的學習動機外，其實有不少同學對於為什麼要念大學和出現在教室中感到困惑。這些困惑的產生，其中一部分是跟個人有關，另外一大部分則是跟臺灣整個高等教育的劇烈轉變有關。

筆者進入私立科大擔任教職這幾年來，經歷了臺灣高等教育從廣設大學蓬勃發展後的泡沫化危機，同時也目睹了這個階段學生屬性的巨大轉變。為

因應廣設大學的需求，許多原本是強調技職訓練的專科學校在短時間內升格為科技大學，而學校為了因應轉型與在諸多的科技大學中競爭生存，也努力成立各式各樣的系所和擴充硬體設備來吸引學生。然而許多學生在進入大學之後，實際上對於「學習」這件事並沒有太多熱忱或興趣，但又不得不肩負父母和社會大眾對於「大學學歷是就業的最低門檻」的期望，產生了大學教育「學生不知為何而讀」與「老師不知如何來教」的嚴重停滯狀態。雖然人生歷程中難免會有不少「空轉」的摸索階段，但對於許多揹負沉重學貸的同學而言，他們其實沒有太多的本錢這樣來虛耗，本專題希望透過讀大學所面對的兩難，來讓同學重新審視自己的處境，並試圖找出突破該困境的動力與可能性！

二、大學生們的肺腑之言：
從《大學記》來談讀大學的意義

　　大學該怎麼讀比較好？常聽到的說法是：只要撐過高中職的苦悶歲月，大學就是由你玩四年的天堂？的確，人生苦短，從一個人的生命歷程來看，大學階段是同學們生理和心理最不受拘束的階段，此時不好好玩更待何時？只是，它也是人的大腦最適合大量吸收學習的階段，把人生這麼精華的時刻全揮霍在玩樂上，會不會太奢華了些？而對於將來得面對就業及自身經濟不利的同學而言，若能善用這個階段累積自己的能量，未嘗不是一個轉變的契機。

　　為了瞭解現今大學生究竟是如何來看待「讀大學」這件事，2012 年教育部「學生觀點之現代公民核心能力規畫計畫」走訪南臺科大、高雄海洋科大、東海大學、政治大學四所大學十七位同學，完成了《大學記》和《大學記兩年後》的紀錄片拍攝，其內容簡述如下：

（一）《大學記》

　　紀錄片以底下幾個主題展開：為什麼在這裡？為什麼要讀書？關於興趣？關於打工？大學的目的？從十幾位自願受訪的學生口裡，我們看到他們共同和不同的回應。

　　共同的是，大家在脫離高中進入大學後，對於大學生活缺乏標準答案與大家追求目標的多元與差異感到相當困惑；而在經歷了相當的摸索階段，大家也意識到課堂上的知識學習不再是唯一，打工、社團、興趣、專題實做、交友、健身等活動，都有可能變成大學生活的重心，至於這些重心是否能為將來的工作掛保證，仍有極高的不確定性。

　　不同的是，隨著不同學校校風與環境的差異，同學們對自己覺知與環境形塑的敏感程度有著明顯的差異。有的同學對於自己想走的方向相當明確堅定（如政大的張同學），有的同學則對自己所念的學校和科系產生質疑（如海洋科大的潘同學）；有的人喜歡學校的環境與氛圍，並於其中汲取自己想要的專業敏銳度（如東海的游同學），但也有同學不覺得學校能提供什麼專業知識以外的東西，學校就像是生產線一樣將模子套在學生身上（如南臺的賴同學）。

（二）《大學記兩年後》

　　此記錄片主要想進一步知道《大學記》參與拍攝的同學後來的發展，拍攝小組重新聯繫之前受訪的四位同學後，再次進入他們的生活歷程之中。在短短的 21 分鐘，我們看到了海洋科大的潘同學畢業、當完兵後成為一名廚師，大學時愛看美食節目的興趣反而成為自己的職業；政大的張同學仍處於延畢階段，並堅定地保持著對音樂的熱情往文創的路上走著；東海的游同學已經升大四了，從一種豪情壯志的發散式學習走向內斂式的自我反思，對於自己在大學中滿滿的收穫感到自足愉悅；至於南臺的賴同學大四畢業後則繼續念研究所，論文口試的前一天巧逢 318 太陽花學運，幾經思量後，他選擇衝進立法院去挺自己的朋友。

　　不知同學們怎麼看待這兩部記錄片？雖然影片中同學的經歷都帶著濃厚的個人式的色彩，但其中仍然可以看到許多大學生的縮影；倘若你對自己的大學生活還沒什麼概念，也沒什麼機會認識不同大學的學生，或許這些人的說法或經歷能給你一些啟發！

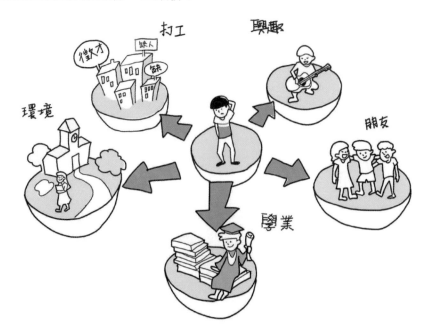

三、衝突點剖析

　　近幾年來，臺灣高等教育歷經十分劇烈的變化，私立學校的學生出路更加惡化，概略而言，它出現了高學費、長負債、難就業和低薪資等現象，若再加上臺灣產業結構未調整與薪資凍漲的惡性循環（朱敬一，2015：31-37），「讀大學這件事」似乎不像它表面上看起來那麼理所當然。以筆者長期的觀察，同學們的處境至少在底下三個面向上變得相當不利：

　　首先，在臺灣升學掛帥的教育體系裡，技職院校的學生在求學的過程中對閱讀、知識和學習的熱忱已被消磨殆盡。對許多學生而言，他們其實不知道讀大學的目的是什麼，而在父母、同儕和社會的期望之下，他們被迫進入大學來取得大學學歷。對於自己的生涯規畫、人生目標，甚至將來自己想從事的職業方向，其實一點概念都沒有，仍然處於一種被動、消極的「消磨」狀態，等著四年畢業後，領取畢業證書後投入社會。

　　其次，念私立科大的同學，大約有一半以上的同學畢業後得承擔學貸的壓力，上述提到的消磨狀態其實花費著極高的經濟成本。當然，念大學是件好事，而大學時光的摸索，也有助於學生們確立自己的人生方向。然而，不知是因為一路受父母呵護所導致的現實感不足，還是大學所教的東西（包括專業系所的課程）都無法引發他們的興趣，大部分同學都以一種應付的心態來面對課業，而對於自己大學四年究竟要培養什麼樣的專業與能力，則一點概念都沒有；因此，四年下來，對專業知識的學習的興趣不僅沒有明顯提高，在專業能力和做事態度上的成長也相當有限。

最後，由於臺灣高等教育的特殊變遷，原先應著重技能專業養成的技職院校，在升格成為大學之後，無法提供相關的課程來銜接他們之前所受的技職訓練。同時，學校為了符合教育部的評鑑要求，不斷要求老師們往研究和產學合作上爭取業績，一般教師光要滿足學校各種卓越和典範的指標已經心力交瘁，面對原本背景知識與基礎訓練皆不足的學生，要他們再針對學生的特殊屬性調整課程，則常處於心有餘而力不足的窘境。如果又加上前述的學生學習意願低落，則可預期不久的將來，學生們在上課時盯著手機的情況將會更嚴重，而大學除了是一個發學歷證書的單位外，似乎無法發揮其他更積極的教育功能。

　　如果同學會覺得繳了這麼多學費換得一張沒什麼鑑別度的畢業證書並不見得划算，以及意識到自己其實沒太多本錢虛耗大學時光，那麼你可能得試著在底下的兩難情境中找出路！

（一）「為自己念大學」與「為別人念大學」間的掙扎

　　隨著心智與年齡的成長，有些同學在進入大學後會開始質疑許多事。例如：讀書真的是自己喜歡的，還是為了滿足他人的期望？在家人或同學的影響下選了科系，開始念之後卻發現自己對這些東西一點都不感興趣。筆者在通識課中常會發現有些理工科學生對文學、哲學很感興趣，卻因家人擔心將來的工作而不得不繼續念下去，這些情況在其他學院中也時有所聞。遇到這種情況的同學，有的開始追隨自己真正的想法而試圖說服父母，成功者順利休學或轉系，不成功者則繼續留在學校另尋出路。另外還可能出現以下情況：有些想「為自己念大學」的同學卻出現一種「學不到東西」的窘境，而這其中牽涉到自己對自己想努力的方向和意志力，以及學校系所的必選修科目與學分安排。

（二）「現實不利」與「追求理想」之拉扯

　　如果認真思考過上述兩難並選擇留在學校繼續完成學業者，那麼在大三和大四還得面對「現實／理想」間拉扯之焦慮。大部分私立科大的學生經濟條件並不是很理想，常常得打工賺錢支付生活費或學費，比起國立大學學生來說，他們必須花很多時間處理現實問題而無法放手去追求理想，這樣的現狀常導致以下惡性循環：「因經濟不利導致必須屈就現實而放棄理想／放棄理想後無法累積足夠的能量來改變自己經濟不利的處境」。對此，有兩種跳脫的可能：一種是完全放棄理想而專心打工賺錢，務實地培養足夠的謀生能力來改善經濟狀況，至少可以養活自己；另外一種則是暫時先不去想現實的

問題，全心全力地往理想邁進，給自己一個翻身或自我實現的可能。但不管是選哪一種，都必須承受將來的不確定性與自我能力提升上的挑戰！

　　不知同學願不願意試著面對前述提到的兩難，並重新審視一下現在正在過的大學生活？對許多同學而言，或許繼續無感地過著眼前自由自在的大學生活是最好的策略，因為現在要畢業拿學歷實在是件輕鬆愉快的事，既可滿足父母殷切的期望，又能擁有社會大眾所認可的就業最低門檻！這裡只想提醒一下，這四年自由大學生活背後的代價是燒光父母辛苦的血汗錢和預支的學貸，如果同學不在乎，那四年就隨你過了。至於那些意識到自身處境不利且想做點改變的同學，老師要說的是：一旦你願意面對這些困境時，在此過程中，你的生存意志和解決問題的能力將會不斷增強，除了會發現自己更多的能耐外，更啟動了一段尋找人生新方向的旅程。

四、延伸議題

1. 大學到底要怎麼過？紀錄片中受訪的同學有人勇於做自己、有人感到茫然、有人還在尋找。如果同學仔細看其中的內容，將會發現《大學記》中的同學幾乎都沒有學以致用，甚至學與用之間還相差甚遠。請問：如果大學念的科系無助於將來的就業，那麼讀大學的目的究竟是什麼？

2. 對於社會大眾（包含我們的家人和朋友）口中所流傳「讀大學是求職的最低門檻」這樣的說法，你認不認同？當一位同學讀完大學必須揹負著龐大的債務卻只領 22K 時，你認為這樣的投資划算嗎？

3. 以前讀大學是讓窮人翻身或促進貧富階級流動的機會。但現在幾乎人人讀大學的情況之下，你認為現在窮人有可能憑藉讀書來改善原本經濟不利的情況嗎？而如果一個人讀完大學還沒辦法改善自身的經濟條件，這究竟是個人的問題還是國家經濟的問題？

4. 在大學林立且少子化的趨勢下，讀大學門檻已經降得非常的低。如果還不確定自己念大學的意義是什麼，那麼似乎不必一定要念大學，之後想念一樣還是有機會再念。你覺得念大學是人生中必做的事嗎？請敘述是或否的理由。

5. 進入大學後，你喜歡大學內的什麼？不喜歡什麼？例如：上課氛圍如何？考試交報告心情如何？跟同學互動的情境？自我成長的愉悅或辛酸？請盡可能回想你曾經歷過的事件，並如實地描述出來。

6. 如果大學裡頭會讓你常常有「學不到東西」或「不知道學這些東西有什麼用」的感覺，而你又必須拿到這個學歷證明，除了消極地逃避之外，你還可以有什麼比較積極或正向的生涯規畫？

7. 承上題。如果在大學學習過程中發現你並不喜歡自己所選的科系或系上所排定的必選修課，你會採取什麼樣的行動來讓自己的學習方向更加確定？如果你發現自己根本對念書一點興趣都沒有，而你的強項在於實作技術上，你有沒有可能跳脫拿學歷的限制而專注於自己想學的技術工作？

8. 大學中的學習不僅是修學分和上課而已，紀錄片中的同學有的往社團興趣發展，有的則珍惜校園所提供的環境陶塑功能，有的則趁這段自由的時光往自我內在探索其他可能性。試就你所處的校園環境來說明：相較於你之前成長過程所受的國高中教育，大學中的各項資源對你最大啟發是什麼？

9. 對於本文所提到「讀大學的兩難」，你曾遭遇過嗎？如果有，比較接近哪一種？請詳述你自己如何面對這些兩難，並提出你目前的因應方式。如果沒有，你目前最感到困擾的問題是什麼？

10. 本章引文提到彭明輝教授「為自己念大學」的說法。彭教授從「人生的幸福」這個較長遠的脈絡來看待讀大學這件事。如果我們願意將視野放長遠一點，讀大學的確有助於讓自己變成更有能力和想法的人，而這種素養或特質很難用短期利益的觀點來衡量。請問：你有沒有想過自己將成為什麼樣的人？對於將來，你是否懷過什麼樣的夢想？

五、推薦影片

三個傻瓜 （3 Idiots）	拉庫馬·希拉尼 / 阿米爾·汗、馬德哈萬	170 mins	威望國際 /2010
乞丐博士 （With Honors）	阿萊克·凱西西恩 / 喬·派西、布蘭登·費雪、茉拉凱莉	97 mins	華納兄弟影視 /1994
他們在畢業的前一天爆炸 （Days We Stared at the Sun）	鄭有傑 / 黃遠、張家瑜、巫建和、紀培慧、廖逸凡、 高晨育、洪群鈞、單承矩、高英軒	300 mins	瀚草影視文化 事業有限公司 /2010
危險心靈 （Dangerous Mind）	易智言 / 黃河、關勇、李烈、高捷、蔡燦得、 溫昇豪、桂綸鎂	1440 mins	藍色製作、 映畫製作 /2006
蒙娜麗莎的微笑 （Mona Lisa Smile）	麥可紐威 / 茱莉亞·羅勃茲、克斯汀·鄧斯特、 茱莉亞·史緹爾、茱麗葉·史蒂芬森、瑪西·蓋·哈登	117 mins	博偉影視 /2003
謝錦紀錄片 （The Life Coach）	崔永徽	90 mins	金牌大風音樂文 化股份有限公司 /2010
小孩不笨 1 （I Not Stupid）	梁智強 / 梁智強、向雲、劉謙益、黃柏儒、李創銳	105 mins	聯合國際影業 /2002
春風化雨 （Dead Poets Society）	彼得·威爾 / 羅賓·威廉斯、勞勃辛雷納、伊森·霍克、 蓋爾·翰森	128 mins	正金石影業 /1989
女人香 （Scent of a Woman）	馬丁·貝斯特 / 艾爾·帕西諾、克里斯·歐唐納、 詹姆斯·里伯霍恩、嘉伯莉·安沃	157 mins	環球影業 /1992
愛情必修學 （Liberal Arts）	喬許·雷諾 / 柴克·艾弗隆、喬許·雷諾、伊莉莎白·奧爾森、 愛莉森·珍妮	98 mins	海樂影業 /2012

六、參考與深度閱讀書目

參考書目

- 朱敬一（2015）。《找回臺灣經濟正義與活力》。臺北：天下文化。
- 納斯邦（Martha C. Nussbaum）（2010）。《培育人文：人文教育改革的古典辯護》。臺北：政大。
- 彭明輝（2012）。《生命是長期而持續的累積：彭明輝談困境與抉擇》。臺北：聯經。

深度閱讀

- 江振誠（2013）。《初心》。臺北：平安文化。
- 吳寶春（2010）。《柔軟成就不凡：奧林匹克麵包師吳寶春》。臺北：寶瓶文化。
- 侯文詠（2003）。《危險心靈》。臺北：皇冠。
- 侯文詠（2010）。《不乖：比標準答案更重要的事》。臺北：皇冠。
- 侯文詠（2014）。《請問侯文詠：一場與內在對話的旅程》。臺北：皇冠。
- 薛清江（2011）。《哲學與人生：人生、繞路與哲學》。高雄：復文。
- 嚴長壽（2011）。《教育應該不一樣》。臺北：天下文化。

第 三 章

虛擬與真實切換的兩難

電影《啟動原始碼》中進出「經驗機器」的兩難

電影檔案：

片名：啟動原始碼（Source Code）

導演：鄧肯 · 瓊斯（Duncan Jones）

演員：傑克 · 葛倫霍（Jake Gyllenhaal）、蜜雪兒 · 莫娜漢（Michelle Monaghan）、薇拉 · 法蜜嘉（Vera Farmiga）

長度：93 分

出版公司：得寶

出版年份：2011

一、前言

　　我們愈來愈常橫跨在內心的數位鴻溝兩端，我們往往融合、搞混 E 人格與真實人格、虛擬人生與真實人生、雲端運算與腳踏實地的互動與作業。這正是我所謂的「虛擬主義」，我們的全新現況。未來的問題只會有增無減，隨著科技的浪潮帶我們一起前進，我們將混雜各個不同的世界、更變本加屬的多工作業、在網路空間裡的一舉一動更缺乏隱私。但現在的情況就已經夠糟了。虛擬人生取代真實人生的結果已經不是空口理論而已，我們的上下左右都是例證。（阿布賈烏德，2012：301）

　　當我們問及與人們從「內部」感受到的體驗不同的東西有何意義時，也有一些實質性的困惑。假設有一台可以給你任何你所欲經驗的經驗機器：最出色的神經心理學家能刺激你的大腦，使你覺得正在寫一部巨著、正在交朋友或讀一本有趣的書。而這時候你實際上一直是漂浮在一個有電極接著你大腦的容器內。你是否應當進入這一機器的生活，編制擬定你生命的各種經驗呢？（諾齊克，1996：264）

　　人有理想要追求，也有現實要面對。然而，在追求理想的過程中，受限於理想的不確定性與個人能力、時間、經濟條件的不利，因為不想面對，而逃避到一個虛擬想像的快樂世界之中，是很多人常常會做的事。幾杯酒下肚，將自己跟現實世界的距離開始拉開；線上遊戲一旦開打，無論是攻城掠地、尋找寶物、還是英雄救美，皆能無往不利；什麼理想、什麼將來、什麼不如意，玩家都能在遊戲過程中拋開，並獲得現實生活中得不到的滿足。

　　人難免都會逃避，而在挫折、困難、看不到將來之時，常常也會尋求一條阻力最小的出路或滿足欲望的快樂替代之物。如果把要考證照或英檢的書放在電腦桌前，依照慣性，我們會選擇先上網，因為上網的快樂指數比讀書高多了，除非我們定性夠且意志力強，否則書會一直擺在那裡！

　　的確，逃避是一種避免自己被現實壓力摧毀的心理防衛機制，只是逃避太久容易癱瘓個人面對現實的能力，為自己不想面對現實尋找合理化的藉口。現在問題出現了：什麼樣的逃避才叫過度？「過度／正常」之間的界線要劃在那裡？如果有個可以帶來許多經驗滿足的機器，同學們願不願意住進去？本專題將以科幻電影《啟動原始碼》來思考數位科技所帶來的重度沈迷與成癮，並進一步探討其中所涉及的倫理與人性兩難。

二、經驗機器的異想：
《啟動原始碼》簡介

　　這部電影為曾拍過《魔獸世界》（改編自知名線上遊戲）的鄧肯・瓊斯所執導。從科普的角度來看，《啟動原始碼》是一部破綻蠻多的科幻電影，而在科幻效果上，也沒有讓人特別覺得驚奇或目眩神迷之處。選這部影片來討論，主要是看上其中像柯南密室謀殺案的偵探情節與主角出入虛擬與真實之間的哲學辯證。

　　電影是這樣開始的：正在阿富汗開直升機執勤的柯特上尉，醒來時發現自己正身處在一輛開往芝加哥的高速列車上，並附身在一位中學教師史恩的身上，對面坐著一位名叫克麗絲汀娜的女友。究竟是自己在做夢，還是過於疲憊所出現的幻象？正在一切混沌不明之際，一陣爆炸火海把他推回黑鷹戰機裡。柯特上尉不久後醒來，透過和機艙螢幕中出現的古德軍官對話，才知道自己正在執行國防部為追查恐怖攻擊所設立的「腦波原始碼」實驗計畫：用極先進的設備把他的腦波無線傳輸到恐怖攻擊事件爆炸前八分鐘時空現場的一位罹難者身上，以重新還原整個犯罪現場。由於技術的限制，柯特只有八分鐘的時間尋找蛛絲馬跡，並將線索提供給實驗團隊。在這輛高速列車中，面對表面看起來相同的人事物，他必須在每個往返的八分鐘內把握分分秒秒，直到找出真凶，好阻止另一波的炸彈恐怖攻擊。

　　就像許多偵探電影中的橋段一樣，所有的線索早已出現於犯罪現場，只是死者不會說話，而偵探也尚未完成真相拼圖。柯特在追凶的任務中，也必須弄清楚兩件事：自己怎麼會突然從阿富汗的勤務中跑回來執行這項任務？回來後怎麼會沒跟他父親連繫？（他之前跟父親吵過架，想打個電

話表達他的歉意）最後，他發現其實自己身體只剩上半身，而所有的意識和生存狀態都由國防部設計的維生系統所提供；更麻煩的是，他發現自己愛上了史恩的女友，想在最後一次的原始碼計畫中「改變過去」，讓自己能跟這位女孩長相左右。

於是，柯特上尉必須在底下的情境中做抉擇：知道自己的真實存在狀態之後，還要不要以這樣的方式繼續不斷地來回執行任務？任務結束後就再也看不到克麗絲汀娜，是該斬斷這段因緣，還是想辦法延續這種美好感覺？在發覺到自己只不過是一個破碎的身軀，除了對父親的思念與之前殘存的記憶，幾乎所有的經驗都是虛擬的，他該選擇停止以這樣的狀態存在，還是繼續接收虛擬的經驗來讓自己好過些？

你覺得柯特應該怎麼抉擇比較好？在電影情節中柯特做出了抉擇，你覺得他的抉擇好嗎？影片中有許多安排不合情理的地方，你看到了哪些？這些問題，都有待同學發揮柯南辦案的懷疑精神來試著回答看看！

三、衝突點剖析

　　有些科幻電影雖然不見得很科學，卻深富哲學意涵。以經典的日本動畫《攻殼機動隊》為例，裡面所探討的科技情境雖然是想像虛擬的，卻有如寓言般點出科技高度發展下對人性的全面衝擊。電影片頭有段耐人尋味的開場文字：

　　儘管企業網路覆蓋全球，光與電子盡情奔馳，
　　近未來的資訊化程度，卻仍未使國家與民族澈底消失。

　　以現今資訊化的程度來看，國與國之間的界限仍然存在，而人與人之間的隔閡與藩籬也未因此消弭。動畫主角草薙素子少校除了腦部是人的部位外，其他身體皆是電腦合成與控制的機械化裝置，而所有的資訊傳輸或能源供應，皆需透過身上的各式各樣的管線（後來她的肢體嚴重毀損，腦部意識整個遁入到網際網路裡）。現代人雖然沒有插滿管線，也不像《啟動原始碼》中柯特上尉那樣身體殘缺，但對於數位科技產品的依賴與沈迷，似乎符合陷入要不要進入「經驗機器」的兩難。

　　如前言中我們所引用的諾齊克所設定的「經驗機器」的科技想像，其實都可以在許多科幻電影中找到相對應的情境，像是《駭客任務》、《全面啟動》、《攔截記憶碼》等等。如果科技發達到能夠發明一種能提供滿足人們一切欲望與快樂享受之裝置（像是仿若安全帽的頭罩，或是具備維生系統功能的太空艙。諾齊克還特別強調，在經驗機器裝置裡不管要什麼經驗都可以辦到，而且在進入之後不會知道自己在那裡，並且認為一切都是在現實裡發生的！），現實中一直處於「求有不得」狀態的我們，要不要進入這個機器裡尋求現實受挫的慰藉與「無上的幸福喜悅」？如果有這麼好康的東西，同學要不要試一下？而在考慮要不要進入之前，我們至少會碰到二種兩難：

（一）快樂經驗的背反

　　人性中有一股強大的趨樂避苦的本能和欲求。隨著年齡的增長，我們想要追求的東西愈來愈多，但能在現實上獲得滿足的卻少之又少。想換智慧型手機，價格和月租費都高不可攀；遊戲跑不動，升級完顯示卡後就得準備吃泡麵；孤獨時想找個男（女）朋友陪，卻總是既期待又怕傷害。除非我們具備「延遲滿足」的定力，否則欲望會自己找尋出口與快樂替代物，完全不受理智的控制。根據腦神經科學的相關研究顯示，人的大腦中存在著一種「愉悅迴路」，透過各種刺激物可以讓人獲得強烈的歡愉。這種歡愉感是幸福的重要成份，同時也是讓我們維持心情正向和生活多采多姿不可缺的要素。然而，在追求愉悅的過程中也出現了不可避免的黑暗面：成癮。換言之，在追求和享受愉悅的同時，也助長人們對這種愉悅的渴望與依賴。對此，柯萊恩（Stephen Klein）在《不斷幸福論》指出追求愉悅時所必須面對的困境：

我們有時候會變成自己美好感受的玩物。渴望會獨立行事。……渴望會把人轉變成汲汲營營，野心無邊，而且看不清現實。（柯萊恩，2004：176）……欲望之所以能左右人的性格正是因為它們非常多樣化、而且適應力強大。我們沒有一個專司渴望食物的控制開關，也沒有另一個渴望愛情的、再一個渴望社會讚揚的開關；我們擁有的是一個負責整體渴望的全效系統，就是這唯一的一個機制讓人懂得渴望，並控制一個人朝想望的任何一種目標前進。這項設定在帶來力量的同時也引發了危險。（柯萊恩，2004：178）

　　柯萊恩指出，人腦中只有一個控制欲望的腦部開關，追求多巴胺神經物質所帶來的快樂，同時也引發了深陷其中的危險。而為了讓欲望機制運轉，為了對抗無聊，我們會想得到個什麼或渴望更多，人們有時也會貪圖眼前的愉悅而不惜付出一切代價。海德特（Jonathan Haidt）也提到，人的自我其實是處於分裂和衝突的狀態，他借用佛經中「象與騎象人」的譬喻來說明這樣的狀態，其實欲望就像大象一樣難以控制，騎象人（理智控制力）要牽動這頭大象得費盡九牛二虎之力。諾齊克提到迷幻藥就像是一種

局部的經驗機器，吃了藥後進入到一種人造的真實裡，除非我們能在經驗機器之外找到更深刻或更重要的東西，否則我們將容易受限於這種真實，甚至淪為它所控制的玩物！

　　舉凡酒精、毒品、賭博、性、愛、美食、購物、含糖飲料等等會刺激大腦分泌大量多巴胺的事物，在我們嘗過這些甜頭之後，都會出現下列成癮症狀：耐受性（需要更大的劑量才會得到快感）渴求、戒斷與舊癮復發。同學們每日不可或缺的智慧型手機為現實無聊生活所帶來的愉悅感亦具備上述的成癮特質，楊格（Young）指出了「網路成癮的神經心理連結模式」如下：（楊格，2013：11）

這樣的成癮類型就連心理學家或精神醫學家也很難辨識，因為有酒癮或毒癮的人，只要將他們跟酒或毒這樣的刺激物隔離開就有可能減少刺激連結，但目前手機和網路幾乎是無所不在了，除非個人能做適度的使用，否則在現代生活很難不去碰觸到！因此，關鍵反而不在於如何不去用它，而是在於如何自制地運用它或是不因過度使用這些產品而讓自己喪失生活功能。然而，如果手機網路會讓人成癮的話，它就具備其他成癮類型的強大拉力，一個人要如何抗拒如此巨大的吸引力，能否認識並啟動自己的自制力，便是整個問題的關鍵了。借用心理諮商師 Yudofsky（2014）的話來說，這必須跟自己心智中的「自動導航」（automatic pilot）對抗，並找到對抗某些「你想要」去做之事（例如：玩線上遊戲或迫切地查看社群網站）的「拒絕力量」（The Power of No），以及對某些「你不想要」去做之事（例如：專注上課或全心全力準備檢定考）的「前進力量」。（The Power of Go）（Yudofsky, 2014：23-38）

（二）虛擬主義的迷宮

　　隨著數位科技的發達，相關產品如電腦、手機和網際網路為人們帶來許多愉悅。由於手機和網路為我們帶來許多直接的便利，不像酒或毒品非必要性且無直接好處，很難將它直接判定為一種具備成癮性的東西。然而，最近的精神醫學的研究發現，不管是玩電腦遊戲或使用手機上網，這些活動跟酒精等成癮刺激物一樣會促成腦內的多巴胺大量分泌，而過度使用後也出現相關的成癮症狀。由於大家過於看重它的實用價值而無視於它的負面影響，許多人沈浸其中而不自知。根據史丹佛精神醫學家阿布賈烏德（Elias Aboujaoude, MD）在《人格，無法離線》一書中強調，當我們在使用網路時，我們的現實中的人格在離線之後，仍然會受到網路人格的入侵。他指出「E人格／真實人格」之間的對比，在網路之中，我們會出現一種「反壓抑」的行為取向，平時的自制和控制系統有時候會減弱，甚至失效。

他這樣來描述 E 人格的特色：

> 更明確地說，在反壓抑、解離的個人特質之上，有五種心理力量在彼此競爭：浮誇症，以為我們在網路世界能創下無窮無盡的成就；自戀症，我們經常以為自己是全球網際網路的宇宙中心；黑暗面，網路滋養我們的病態面；退化症，從我們上線的那一刻起，我們展現驚人的幼稚程度；衝動症，許多網友過著一種以衝動為導向的生活方式。（阿布賈烏德，2012：40）

而在這個觀點的背後，作者認為網路的虛擬特性使得個人的「本我」（ID，佛洛伊德的用語，指一種靠快樂原則驅動的本能需求，代表一種欲望）無限膨脹與感覺過度良好，同時也使得依據現實原則參與並調整的「自我」（代表自我控制、審慎判斷的理性能力）的作用減少，更不用說會去聆聽「超我」（指內心權威形象的聲音，它會提醒我們應有的道德責任，要我們別忘了社會的規範和標準）的指引。

我們身處的世界並不像它表面看起來那麼真實，一直在冰冷的現實中打滾是件苦差事；而虛擬的世界也非全然虛假，透過想像力和情感的投射，某程度上它也提供許多無法忍受殘酷現實者一個暫時出走喘息或逃避的空間。然而，當我們遊走於「真實／虛擬」之間時，我們的「自我」在這兩個世界的「切換能力」有時會出現失調的狀況！

首先，自我是個分裂而非統一的整體，我們反制欲望的能力其實相當有限，而當我們在虛擬世界待久之後，自我同時也受到這個世界的特性所形塑，特別是我們內心的一些黑暗面與脆弱面更容易受其助長而失控。

　　其次，虛擬世界再怎麼美好，裡面的經驗沒辦法讓我們在現實世界吃得開，在虛擬的世界中掌握大權、呼風喚雨的人，偏偏連自己的生活都無法自理，更別談撼動殘酷的真實世界。當一個人過度沈溺在科技所形塑出來的世界且缺乏對「真實／虛幻」的切換辯證能力，其在現實上與他人「切題回應」（relevant response）的能力將會弱化，少了這種能力不僅會讓人產生缺乏控制的焦慮與失落（現實社會個人所能控制程度遠不如個人在電腦網路世界的控制），更嚴重者還可能誘發其他負向毀滅的情緒，甚至導致將他人「物化」來羞辱傷害之。

　　最後，就算未來的數位科技發達到可以提供我們所有真實的經驗，除非我們全身只剩下腦而已，不然我們依然會在意自己是否能夠和真實接觸、獲得這些經驗的方式與自我存在的形象。誠如希臘哲學家亞里斯多德所言，人是一種既有能力又脆弱的存有物，一方面我們身體具有一種動物性，需要他人與物質上的援助；另一方面，我們又像植物一樣，渴望大量愛、情感與快樂的澆灌。我們的自我除了追求快樂的經驗外，還會去追問許多對人生有意義或更深刻的東西；或許在快樂的當下不會去意識到這些，但當一個人的生命只等同於大量不斷補充的快樂經驗時，究竟是經驗機器在幫我們活，還是我們自己在活著？或許，經驗機器也可以幫我們抹去這些追問，我們就可以安心地讓它接管我們的人生，但這真的是我們要的嗎？柯特上尉的抉擇、草薙素子少校對自己存在的懷疑，以及許多科幻電影對真實與虛幻的反省，似乎提醒了我們：不管虛擬的經驗再怎麼真實和愉悅，生命中仍有某些東西對我們而言是「有意義」的！至於這些「有意義」的東西是什麼，就留待同學在現實生活中叩問了。

四、延伸議題

1. 電影《啟動原始碼》中的主角柯特上尉的存在意識幾乎都是維生系統所提供，真實世界的他身體損傷嚴重，兩者間差別甚大。當一個人處於這樣的狀態時（想像一下，當一個人整天接觸電腦，他的所有資訊和快樂的來源都來自於電腦網路），此人還有沒有可能分清楚自己究竟是處於現實還是虛擬的世界中？如果你是這位主角，你會跟他做相同的選擇嗎？（請扣緊電影的劇情來說明之，並參考消化本章內容來說明你『會』或『不會』做相同抉擇的理由）。

2. 據民國 100 年 7 月 9 日的《聯合報》A3 版報導〈XX 科大學生殺人事件〉：「警方調查，簡 XX（十九歲）是 XX 科技大學會計資訊系學生，個性內向，沈迷網路交友，透過網路「即時通」和國中剛畢業的十六歲「小鳳」認識，因在網上談得投機，他約「小鳳」見面。簡 XX 騎機車到「小鳳」住處巷口先載她到埔里國小，因校內學生多，轉載到中峰國小散步談情。簡牽著「小鳳」走到男廁，求歡遭拒且被反抗，憤而勒頸，待她意識不明，再撿石塊砸她的頭，見她鮮血濺地，已無氣息，再把她塞進管道間，清掃現場後離開。」報紙裡提到犯案的簡同學因為沈迷於網路於導致「虛實分不清楚」。請問：究竟怎樣才叫虛實分不清楚？（試就你使用網路和手機的經驗來指出可分清虛實的判準在哪裡？）

3. 在美國許多校園暴力事件的行凶者都是網路的重度沈迷者，而在臺灣捷運裡隨機砍人的鄭捷及之後的模仿犯，也是暴力電玩的愛好者。不管是犯罪心理或電玩成癮的相關研究，都無法證明一個人長期使

用網路（包含交友網站、色情網站、線上電玩）必然會導致一個人在現實上會做出犯罪和侵犯他人的行為，而就算會有傷害，精確來說，也只會造成一種「潛在的傷害」，而不是「實質的傷害」。如果是這樣的話，請參考本章的內容來猜想：究竟是什麼原因可能會讓傷害從潛在變成實質？是電玩本身具有邪惡的特質所導致，還是個人放任自身的黑暗面四處蔓延？

4. 如果有一個網路的虛擬世界邀請你進入，它能使你擁有魔法、絕世武功、甚至長生不老，但它告訴你一進去之後就再也回不到真實的世界了，而且你將會失去家人、朋友、愛人，那麼你會選擇虛擬世界還是真實世界？請敘述你選擇哪一個世界，基於什麼樣的考量？

5. 我們都有沈迷某些事的經驗，在沈迷一陣子後通常就會「畢業」，而那些曾經抓住我們欲望的事物也不再具備那麼強的吸引力。有那麼多人在用網路和手機，為什麼會有人會特別沈迷而無法自拔？請問這些容易成癮的人之人格或自我具有什麼樣的特質？

6. 我們都有長期「卡」（stuck）在某些事項上的經驗。如果我們沒有其他要做的事或目標，且沒有造成別人的困擾，那麼這種生活上的「停頓」其實只是個人在私人空間的自由。然而，隨著年齡的增長，要不去造成他人的困擾似乎是件很難的事，而自己也必須為養活自己而得面對現實的殘酷。請問：你有沒有遇過一些比較嚴重停頓的經驗，你之前是如何「告別」（say no）這種停頓而找到「前進的力量」（The Power of Go）？請就你使用電腦網路與智慧型手機的經驗為核心，並參考《不斷幸福論》等進階閱讀書目的內容來剖析說明之。

7. 「控制」功能強大的電腦或智慧型手機，和「控制」個人的生活之間，究竟有什麼關係？如果說使用電腦和手機這件事，和希望增加自己對外在世界的相對控制力兩者之間的密切相關，不知你同不同意？當一個人得不斷地去滑手機或玩電玩，究竟是他（她）在控制手機或電腦，還是它們在控制這個人？

8. 在本章的討論中，我們借用阿布賈烏德的「E 人格」的觀點來探討一個人在虛擬世界中所扮演的角色或自我，很有可能入侵現實中的自我。不知你有沒有這樣的經驗：在現實生活中我們所扮演的角色常常會影響我們的自我認知，例如：打工下班後，打工時的情緒仍然會影響著想要讀書的你。有時候我們在扮演某個角色時會入戲太深，雖然不致於如電影《黑天鵝》情節那般嚴重，但自我在進出不同世界或角色時的確會受影響。請問：就你進出網路數位虛擬世界的經驗來說，你認不認同阿布賈烏德的觀點？不論你認同與否，皆請你提出理由來支持你的立場。

9. 你對自己夠不夠瞭解？常常告訴自己應該去做某些事，實際上卻常常跟它背道而馳。例如：明明該去念書了，卻一直在上網；明明知道東西再亂買就沒錢吃飯，卻總是忍不住按下購物網的結帳鈕。請問：自我真的是我們能控制的嗎？它本身是否還有更複雜的構成元素或驅力？（可參考進階閱讀書目中的相關書籍）

10. 除了本專題所介紹的科幻電影外，你還看過哪一部相關的影片？試著剖析片中對於「虛擬／真實」的探討，並進一步比較它與《啟動原始碼》間的異同。

五、推薦影片

駭客任務 （The Matrix）	安迪・華卓斯基、拉娜・華卓斯基 / 基努・李維、勞倫斯・費許朋、凱麗・安摩斯	136 mins	華納兄弟影視 /1999
攻殼機動隊 （Ghost in the Shell）	押井守（導）/ 士郎正宗（編）	82 mins	日本萬代影視 /1995
全面啟動 （Inception）	克里斯多福・諾蘭 / 李奧納多・狄卡皮歐、渡邊謙、 喬瑟夫・高登李維、瑪莉詠・柯蒂亞	148 mins	華納兄弟影視 /2010
攔截記憶碼 （Total Recall）	藍威・斯曼 / 凱特・貝琴薩、柯林・法洛、伊森・霍克	118 mins	博偉影視 /2012
盜夢偵探 （Paprika）	今敏 / 林原惠、大塚明夫、古谷徹	90 mins	索尼影視電視公司 /2006
老人 Z （Oldman Z）	大友克洋	80 mins	臺灣普威爾 /1991
魔境夢遊 （Alice in Wonderland）	提姆・波頓 / 強尼・戴普、安海・瑟薇、麥可・辛、 海倫娜・波漢・卡特	108 mins	博偉影視 /2010
危機邊緣（影集） （Fringe）	艾利克斯・葛拉佛斯 / 安娜・杜芙、約書亞・傑克森	1028 mins	華納兄弟影視 /2009
藥命效應 （Limitless）	尼爾・柏格 / 布萊德利・庫柏、勞勃・狄尼洛、艾比・柯妮許	105 mins	原子映象 /2011
黑天鵝 （Black Swan）	戴倫・艾洛諾夫斯基 / 娜塔莉・波曼、蜜拉・庫妮絲、文森・卡索	108 mins	福斯影業 /1991

六、參考與深度閱讀書目

參考書目

- 柯萊恩（Stefan Klein）（2004）。《不斷幸福論》。臺北：大塊文化。
- 楊格 （Kimberly S. Young）（2013）等。《網路成癮：評估及治療指引手冊》。臺北：心理。
- 海德特 （Jonathan Haidt）（2007）。《象與騎象人》。臺北：網路與書。
- 諾齊克（Robert Nozick）（1996）。《無政府、國家與烏托邦》。臺北：時報文化。

深度閱讀

- 林登（David J. Linden）（2011）。《愉悅的祕密：解開人類成癮之謎》。臺北：時報。
- 波寇維茲（Sidney Perkowitz）（2008）。《雙面好萊塢：科學科幻大不同》。臺北：博雅書屋。
- 阿布賈烏德（Elias Aboujaoude）（2012）。《人格，無法離線：網路人格如何入侵你的真實人生？》。臺北：財信有限公司。
- 查特菲爾德（Tom Chatfield）（2013）。《如何在數位時代活得自在》。臺北：先覺。
- 夏皮諾（Andrew L. Shapiro）（2001）。《控制權革命：新興科技對我們的最大衝擊》。臺北：臉譜。
- 瑞斯尼克（David B. Resnik）（2008）。《思索科技倫理》。臺北縣：韋伯文化。
- 波茲曼（Neil Postman）（2010）。《科技奴隸》。臺北：博雅書屋。
- 陳瑞麟（2006）。《科幻世界的哲學凝視》。臺北：三民書局。
- Yudofsky Stuart C(2014). *Fatal Pauses: Getting Unstuck Through*. USA: American Psychiatric Publishing.

第 四 章

愛情中的兩難

電影《四月物語》中暗戀與告白的兩難

電影檔案：

片名：四月物語（April Story）

導演：岩井俊二

演員：松隆子、田邊誠一

長度：67 分

出版公司：金革

出版年份：1998

一、前言

在找尋真愛時，我們要尋找的重要事情之一，就是這個私密的自我能在另一個人的眼中找到歸宿，而他會愉悅地看著這個私密的部分。這確實是一種非常特殊的愉悅。（阿姆斯壯，2009：75）

因此，愛上別人是兩件事碰在一起的結果——我們的渴望和想像的作用。前者讓我們脫離自我，向外尋找另一個人；後者暗示著某種特定的人才能滿足我們。當這兩個條件碰在一起，就會爆發驚人的情感。所有的欲望都集中在那個人身上，我們的眼睛閃爍著光彩看著心上人的雙眼，看見——即使只有一會兒——自身存在的總結與幸福快樂的新世界。雖然，我們已經知道，這些渴望可能比我們想要相信的更黑暗也更複雜。（阿姆斯壯，2009：127）

成為一個成熟的人，有一部分就是接受自己「道德上」的不完美，並承認自己追求有價值之個人理想（包括道德理想）的努力還可以藉著他人的洞察而更進一步。這就是「微細互動」所主張的面向之一：一個人在與朋友的互動中，可以得到道德上的增長。而對於朋友和所愛之人的信任，即是學會重視他們對於自我及人格的意見。如果在私人關係中，一個人不會為他人就其人格的批評感到羞恥，則形同將自己隔絕於親密關係之外。對於羞恥的敏感，乃是親密關係中將自我開放的一部分。（納斯邦，2013：329）

在愛情電影中，陷入熱戀的男女總是為情所苦，且每段戀情都讓人有種好事多磨之感。這究竟是為了表現劇情張力所需呢？還是如實地呈現愛情

世界中各種風貌？不然爲何是在美好的邂逅之後，總會因男女主角的意志不堅、第三者的介入、時空環境的轉變讓戀情一波三折。筆者以爲，從愛情電影中可以看出許多兩難困境，例如：與新情人約會時恰巧舊情人想敘舊、跟舊情人碰頭時發現對方心繫他人（心不在焉）找現任情人攤牌時發現他（她）和別人在床上蓋著棉被或門口擺著兩雙鞋子等等。這些情節其與現實生活雷同，其實是因爲愛情中的變數實在太多，例如：個人是否成熟到足以面對自己抉擇的後果、雙方有沒有相應的生命體驗（夫妻同命、歡喜做甘願受）、兩人在相處時相互的成長速度是否能匹配，在在都影響愛情的發生和結束。

　　大學除了是同學們學習畢業後工作技能的場域，同時也是培養友情和愛情的美好時光。大學時期的愛情，除了有助於個人的成長外，更有學習與另一半建立親密關係的能力。有些同學可以把學業讀得很好，卻不知如何與異性互動；有些同學雖然交了男女朋友，卻無法以「良性互動」的方式來延續這段戀情，更糟的是常常以「惡意傷害」彼此的方式來收尾。本專題將以《四月物語》中的暗戀與告白間的兩難展開，帶領同學一窺愛情中可能會出現的其他難題。

二、暗戀一個人的幸福：
《四月物語》簡介

　　暗戀一個人究竟是快樂還是痛苦的？如果是暗戀，該以什麼樣的方式來訴說這樣的情懷呢？又如果是「欲求不滿」的痛苦，有沒有辦法用一種較美感的方式來看待，而不是只會沒品地死纏爛打？如果你看得下去《那些年，我們一起追的女孩》挫敗中不忘祝福的愛情故事，那麼岩井俊二電影《四月物語》詩意般的鏡頭帶出關於暗戀的矛盾、不安還有甜蜜，將會激起你潛藏在生命底層裡的青澀回憶！

　　這部短片的前身是松隆子的音樂錄影帶，原本只是拍主角來回騎腳踏車的兩三分鐘畫面。導演覺得能與松隆子合作就只拍這樣有點可惜，而他手上剛好有一部適合的短篇作品，在稍加潤飾後延伸成五十分鐘短片。不同於岩井俊二其他作品對青春的傷逝與人生殘酷的描繪，《四月物語》透過松隆子知性甜美的明星氣質，配上獨特的攝影美學，娓娓地訴說一段單純且溫暖的愛情物語。

　　跟一般的大一新生沒什麼兩樣，榆野卯月（松隆子飾）在火車站臺告別家人後開始適應學校生活。新生介紹時，內向的榆野為了擴展人際關係，表示自己個性開朗、喜歡音樂，但當大家詢問她故鄉北海道的生活，還有為什麼來東京就讀大學時，卻害羞靦腆地答不出話，並顧左右而言他。

　　其實成績並不理想的她原本是考不上東京的大學，然而為了能見到暗戀已久的學長，在拚命苦讀後才出現這種跌破大家眼鏡的成績！

　　「當成績不好的我考上東京的大學時，連老師都說這真是一個奇蹟，
　　不過如果真的是奇蹟，我想說，這是愛的奇蹟。」（引自電影旁白）

　　打從高中時她就偷偷暗戀學長，曾從置物櫃拿走寫有他名字的名牌，也不斷地向高中好友打聽學長的消息。在得知學長畢業後就讀了武藏野大學且在書店打工的訊息後，榆野的高三生活突然有了重心：考上學長讀的大學，拉近兩人的時空距離。到東京開始她的大一生活後，她經常騎著自行車到暗戀學長打工的書店，逡巡於書架之間並忐忑地期望著與學長相遇。

　　總算皇天不負苦心人，一場雨、一把傘，開啟了兩人的互動。

　　在短短 67 分鐘的短片裡，最重要的橋段，就在最後與學長在書店外的那場戲。結帳時學長突然認出女主角是以前高中的學妹，並藉機聊了一下；此時，外面突然下起大雨，他從店內拿出了好幾把客人留下的傘讓女主角挑選。這場戲讓兩人之間開始有了連結，以前都是女主角的單戀相思，因為一場大雨讓他們之間多了些可能，但是導演也沒有刻意的去解釋學長的背景跟交友狀況，反而讓觀眾有更多兩人之後發展的想像空間。

　　或許習慣好萊塢式的愛情類型後，同學們會對《四月物語》這種內向、膽怯的情感態度有點不耐：怎麼會有一位女生暗戀學長這麼久竟然不直接告白？這樣過度壓抑的情感會不會太不健康了？兩人的關係連友情都談不上，有可能變成戀人嗎？如果女主角在借還傘的因緣下趁機告白，故事結局會變成怎樣？女主角故意跟學長借傘，在這之中會不會心機重了些？關於這些疑問就留給已經歷經或即將遇見愛情的同學們來思索吧！

三、衝突點剖析

　　愛情電影中多的是愛、恨、情、愁的各種衝突，而一般描寫負向的情感失落佔了絕大部分，雖然其中有些結局還算圓滿，卻不易在其中感受到愛情關係裡的正向力量。《四月物語》的結局或許多會給人帶來淡淡的惆悵（卻不致於讓人看得心情沉重與悲情難捨），但卻能帶給觀眾對於生命成長的領悟：就算無法擁有對方或必須承受情感的不確定性，暗戀一個人可以讓自我變得更好、更寬容與成熟！

　　常聽人說，愛情是盲目的，是激情的，同時也是感性的，談太多理性的東西，好像是件很煞風景的事。然而，愛情絕不是盲目投入自己的所有一切心力就一定能夠獲得完滿結局！其中如果沒有意識到自我成長、成熟的人生體驗和個人的生命空間的重要性，最後，愛情只會變成折磨人的玩意。

　　史丹伯格（Robert Sternberg）在《邱比特的箭》以愛情三元素來闡釋這種關係的複雜性，相當值得參考，圖示並說明如下：

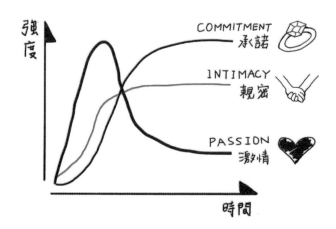

1. 親密元素：在愛情關係中想親近對方，且能分享彼此最私密的情事。然而，不管再怎麼親密的伴侶，每個人都是獨立的個體，一旦彼此過度的親密又會「耗掉」自己的自主性，如何在「自主性」和「親密感」之間維持平衡，考驗著情侶們的相處智慧。

2. 激情元素：一種渴望和對方共結連理的心態。從腦神經生物學的角度來看，它由大腦追求愉悅感的本能所推動，它常常會獨立行事而淹沒熱戀中的情侶。激情主要是各種渴望與需求的綜合表現，像是呵護、聯繫、支配、順服、以及性滿足。這些不同需求的強烈程度則視個人的情感依附性、童年成長經驗及自我欲望控制力等因素而有所不同。

3. 承諾元素：它分短期的和長期的，前者指做出決定要愛某個人，而後者則是指做出承諾要維繫這份愛。兩者不一定會同時發生，因為決定要愛一個人並不代表要對這份愛做出承諾。這個要素在激情、親密減退時所導致的暫時不順遂時有穩定關係的功能，有助於彼此扶持渡過難關。（史丹伯格，2001：39-73）

上述三要素僅供參考。愛情關係實在太複雜了，很難套用某種特定的模式，而史丹柏格所歸納的愛情元素也只是為了方便理論說明，無法窮盡愛情關係的萬般風貌。然而，若是回到《四月物語》這部電影中，延續史丹伯格的說法，筆者以為在愛情中會遇到「自我與他人的對立」與「去愛與無愛進退不得」的難題。

（一）自我與他人對立的兩難

　　熱戀中的男女總以為在濃情蜜意下「你中有我，我中有你」的美好融合狀態會一直延續著，然而，如果有這種完美結合的狀態，時下離婚率就不會這麼高，而分手情殺的頭條新聞也不會那麼多了！究竟自己在愛情中該放下自我而成為對方的「另一半」？還是將對方當成自己的一部分，但我卻不是對方的一部分？實際上，人是相當複雜的生物，我們的心靈很少對他人開放，就算有，最多也只是某些部分。每個人都是分離的個體，我們雖然渴望去擁抱另一半的美好特質，但自我與他人之間仍存在無法消融的對立，而當對方不順自我的意願時，情侶們很容易忘記別人有「以自己的方式」存在與不向他人開放私密的權利，而若是無法審慎地尊重彼此這個面向，就無法適切地回應對方的反應。

　　情況嚴重者，還有可能出現一種「惡意傷害」的情事！因為在愛情的親密關係中，彼此會碰觸到對方心理和生理最私密且緊張的部分，其中牽涉到複雜的情感依賴、控制、性心理、自尊心、羞恥感。而一旦感情生變，裡頭有些負向心理情緒就很容易誘發連鎖反應，並以傷害對方的方式來發洩。其中最嚴重的方式便是因羞恥感所引發的相關情緒如：屈辱、尷尬、噁心、罪咎、憂鬱、惱怒等負向情緒，甚至還會出現頭條社會新聞中常見，在網路散佈私密相片的仇恨心理或分手殘殺的暴力行為。誠如約翰・阿姆斯壯所言，「愛的經驗中，最令人不安的特性之一是，我們對最依戀的人會有非常強烈的厭惡、批評或想要汙衊和傷害的感覺。」（阿姆斯壯，2009：174）

　　而這種愛恨交加的傷害模式背後除了跟個人無法面對生命內在的緊張與不確定性有關外，還跟「物化」他人的惡意傷害有關。一般認為：物化某人就是把他（她）當作一樣東西、一件物品，儘管他（她）事實上不是一樣（單純的）東西而是一個人（有其生命目標與不受他人拘束的自由）。在愛情關係中裡，「佔有欲」讓彼此將對方視為他的擁有物（可以隨他所處置或買賣），但其實人都是獨立的個體，誰也不可能永遠擁有對方，而放任自己過度的佔有欲，終將對方視為一件「可破壞性」或「不具備主體性」東西來加以摧殘損害。（納斯邦，2013：90-95）

　　法國哲學家沙特在《存在與虛無》中討論到「與他人的具體關係」時也有類似的主張：人與他人在性欲交流中仍充滿著「互相的貶抑與衝突」，互有性欲的雙方在佔有肉身的過程其實是一種衝突關係，在此衝突中包含許多人的情感和態度，像是自卑、恐懼、依賴、愛、恨、缺乏信賴感、困窘等等。（沙特，2012：435）

只是，人畢竟不是物品，激情熱戀中的男女（特別是男性）似乎忘了這點。我們當然可以同情目睹另一半出軌或劈腿者的傷心、絕望、憤慨等負向情緒，然而，就算他們犯了錯卻也罪不致死，不管我們再怎麼生氣也都沒有任意剝奪或處置他人的權利。因為他們一樣有追求幸福人生的權利與決定自己情感和欲望之自主性。而若能站在「對人的平等性」之尊重上稍加轉念，其實還有「良性互動」的可能。

　　由於愛情關係中牽涉到極私密且羞恥的細微互動，同時也跟兩個自我的碰撞同步進行，它必須依靠當事者不斷做動態調整。而這種調整乃基於平等對人的尊重，其中包含了「對稱的」和「相互的」尊重與信任。我們都是不怎麼完美的存在個體，再怎麼夢幻的愛情都難免會有無言以對的時候；這段感情還要繼續的話，就必須克服可能會出現的傷害和失望。

（二）去愛與無愛進退不得的兩難

交往後
也許他/她⋯

　　世界上的人口有多少，愛情就有多少種不同版本的故事，而這也是愛情電影取之不盡的題材。雖然沒有一個版本是完全一樣的，可以肯定的是，面對愛情逝去、面對所愛的人死去、或者面對方式、程度不一的背叛，都是每個談情說愛者無可避免的生命磨練。

　　描繪愛情的電影多半歌頌愛人的美好，卻鮮少教導人們如何告別不愛的傷痛。因為「學習不愛」恐怕總跟「決心不愛」背後的原因一樣殘忍，而那些原因大多難以逃離背叛這個字眼。當我們開始去愛或關心一個人的時候，其實就在親密關係中自我開放，而同時也賦予他人傷害我們的權利。（洪茲盈，2008：21-47）如果我們要保持自身的完美，最好的方式是不要跟別人有互動，免得暴露出自身的脆弱與羞恥。然而，人又是不甘寂寞的動物，為了避免孤寂我們又渴望與他人有親密的互動。麻煩的是，這種渴望有可能帶來愛情的美好，也有可能把我們帶到更複雜與難以面對的結果上去。

如果去愛的結果是讓我們陷入痛苦的深淵，練習不要輕易把自己的愛投入是否是種比較審慎的作法？在愛情逝去、做什麼都無可奈何時，我們可以採用什麼樣的機制退場？承襲前述提到的愛情三元素，「愛」看起來僅為一簡短有力的動詞，其蘊含的複雜性往往超出墜入情網的愛侶們想像所能及；當親密元素、激情元素與承諾元素交相影響的過程中產生過多或過少的失衡現象時，佔有、嫉妒、控制、猜疑、背叛與空洞就出現了。而陷入且卡在這些愛情的黑暗情緒時，如何與之共處、進而化解，讓我們的生活得以安全無虞地正常運作下去才是最重要的。

　　畢竟，愛人是種與生俱來的能力，而練習無愛似乎有些強人所難。然而，就如同我們迷戀其他東西的經驗一樣，都會有「退燒」的一天。不信的話，看一下牆邊角落所堆的舊物，當初還不都是省吃儉用買下的，真不知那時是不是中邪了。不知你有沒有類似的網購經驗：很久就想買的物件在拍賣網中終於現身，你告訴自己這次一定要買到以滿足內心的欲望，結果基於某些因素沒買到而心情跌到谷底。當下的你以為再也無法擁有它了，其實只要再耐心等一陣子，相同或甚至更好的物件還是會出現，只是當下被自己「想得到某些東西」的狂熱淹沒了。

　　如同《曾經。愛是唯一》（Once）電影片名所示，再怎麼轟轟烈烈的愛情都有可能變成過往的回憶，戀人們在彼此熟悉之後，又會開始追逐眼前得不到的其他事物。有道是相愛容易相處難！隨著在一起的時間拉長，現實生活中人的情感和欲望的多變與捉摸不定、情侶們身材外貌的走樣變形、激情上癮力量的消退、個人自身生命內在的緊張焦躁等等變數，都會讓愛情出現許多待克服的難題。因此，若能洞悉愛情中的不確定性與無常，並減少自身因迷戀所產生的過多期待，未嘗不是一種成熟的表現。阿姆斯壯對此提供了相當有建設性的看法：

　　成熟的觀念，是人類在面臨失望與困難時，想對愛保持樂觀想法的一種企圖。成熟是一種理想，就像某些人面對生存困難時對解決之道的奉行一樣。成熟的核心是基於從經驗中學習的理念。但學習什麼？我們想學的部分是如何訂出優先次序，並接受追求目標時必須付出的交換與犧牲。成熟的態度是選擇戰役，保留實力，接受你能做的事是有限的。如此，如果他們擁有更重要的特質，像溫和的脾氣或可靠的品格，那麼接受我們伴侶的某種平淡無奇也是成熟的表現。（阿姆斯壯，2009：206）

　　所以，練習無愛並非否定了最初的愛，而是以全然觀照自己內心的方式不為親密、激情與承諾的反面箝制，方能避免自己成為新聞媒體上為情自盡或為愛殺人的頭條。談情說愛的人們必須認知到，愛情開始時有多甜多美好，其結局就有可能多苦、多酸澀；我們練習無愛，不是為了拒絕承認愛情的美好，而是為了在愛情變調時，保持距離、啟動切換機制，讓自己無論在精神層面或現實生活裡都能夠健康地走下去。

四、延伸議題

1. 《四月物語》女主角為了暗戀的學長，原本成績不好的她努力考取東京的大學，只為了見到學長。暗戀是私密又矛盾的，會希望對方知道妳的感情，又怕對方發現這個祕密。你覺得電影中女主角會因為達成願望而僅止於此，之後大學也許會有更好的人出現，還是會繼續暗戀學長？女主角故意以借傘的機會來跟學長展開互動，是否埋有下一次還傘的伏筆？

2. 承上題，導演兼編劇岩井俊二在電影中以一種既含蓄又詩意的畫面描繪出一位女孩子暗戀的心境。在告白和暗戀兩難的狀況下，你認覺電影中的結局女主角的抉擇好嗎？如果是你／妳的話會怎麼抉擇？

3. 大學裡許多人都認為戀愛是必修學分，的確，大學是愛情萌芽與發展的最佳時光，但是這個學分並沒有想像中好拿，因為裡面牽涉到太多情感的因素，而這些偏偏都是學校沒有教的東西。請試著針對底下兩種情況發表你的看法或建議：狀況一：有些同學會因為朋友都有了情人，害怕自己寂寞而找個男／女朋友，卻不知道遇到的人是不是真的愛你。狀況二：有些同學在進大學前從未有跟異性相處的經驗，再加上習慣跟數位產品為伍而不知如何與他人溝通。對於這些「愛在心裡口難開」的同學，有沒有什麼樣的建議或協助可以幫助他（她）們踏出第一步？

4. 《愛情的條件》作者約翰・阿姆斯壯借用哲學家蘇格拉底的話來指出「愛是教育」的觀點：我們愛一個人就是特別喜歡別人身上我們

所沒有的特質，一種「心理上的缺乏」。然而，不管我們如何親密地擁抱這位對象，或幸運地遇到一位能誘導出我們美好特質的人，這些特質也不會主動地成為我們的一部分，要讓自己更好必須透過自我培養與發展才行。這樣的觀點似乎與我們常聽說愛情是種「互補」說法不同，請問：你認不認同這種愛情的教育觀點？如果在對方身上找不到任何可愛之處或重要的迷人特質，是否意味這段感情走起來會特別坎坷？

5. 我們在本書的〈前言〉中提到：「愛上別人是兩件事碰在一起的結果──我們的渴望和想像的作用」，而隨著相處的時間愈久，我們愈有可能會發現真實互動的對象似乎離自己心目中的理想有點距離。即使如此，我們對自己想尋找的另一半仍會有所想像。請問：你覺得自己理想中的另一半是怎樣子的人？如果那樣子的人真的出現在現實生活中，你會有怎樣的反應及行為？

6. 傳統的愛情進行式常循著「戀愛／結婚／生子」三步驟進行，而不管這條路是不是我們想要的，一般的世俗大眾總是習慣以這種方式來看待愛情，你覺得談戀愛之後過一段時間一定要同居或結婚生子嗎？以及，如果對方的承諾沒有實現，你會有甚麼樣的想法及行為？倘若互換立場，自己一直無法實現承諾達到對方的要求與期待，當對方善意提醒或抱怨，你要怎樣面對這樣的感情衝突？

7. 有首很久的流行歌名叫〈愛我的人傷我最深〉，筆者在前面文字介紹中也提到「當我們開始去愛或關心一個人的時候，其實就在親密關係中自我開放，而同時也賦予他人傷害我們的權力」，因為有時候就算對另一半付出自己的全部，也不一定能得到對方同等比例的

回報，甚至完全沒有回應。如果是這樣的話，文中提到「無愛」的方式會不會是避免自己受傷害的好策略？如果不是，你覺得什麼樣的方式會比較好？

8. 本文提到情侶間吵架或分手時的「羞恥感」所誘發的負向情緒與「物化」他人的傾向常常會導致惡意傷害。如果兩人相處總是衝突不斷，為何不能讓彼此好聚好散而非得要弄得刀光劍影？以及，如何才能洞悉對方是否為危險情人而確保自己的人身安全呢？

9. 我們常會在報章雜誌或電子媒體看到許多大學生分手情殺的駭人事件（例如：最近臺大高材生殺害女友、高醫同學為了學妹殺害情敵等等）。我們可以理解愛一個人而被拒絕的受挫情感，但一般人大致可以面對被拒絕所導致的羞愧、沮喪、憤怒等等負向的情感，就算有想砍人念頭，也只有想想而已。請問這些真的去行凶的人，為什麼無法用比較正向或具建設性的態度來轉化情緒，他們在情感面向上出了什麼問題？

10. 你有沒有喜歡看或看過最有感覺的愛情電影，在上完本專題後，請試著用課堂上學到的想法或觀念來分析其中的情侶互動模式是屬於哪一種。

五、推薦影片

情書 （Love letter）	岩井俊二 / 中山美穗、豐川悅司、博原崇	116 mins	前景娛樂 /1995
愛在心裡口難開 （As Good As It Gets）	詹姆士‧布魯克 / 傑克‧尼柯遜、海倫‧杭特、葛雷‧肯尼爾、 小古巴‧古汀、史基‧艾瑞克	138 mins	哥倫比亞三星 /1997
長假 （Long Vacation）	永山耕三、鈴木雅之、臼井裕詞 / 木村拓哉、山口智子、竹野內豐、松隆子	594 mins	富士電視台 /1996
名揚四海 （Friends）	蔡岳勳 / 修杰楷、尤秋興、婷婷	2400 mins	得利影視 /2003
不能結婚的男人 （結婚できない男）	三宅喜重、小松隆志、植田尚 / 阿部寬、夏川結衣、國仲涼子	540mins	日本關西電視台 /2006
與敵人共枕 （Sleeping With The Enemy）	約瑟夫‧魯賓 / 茱麗亞‧羅勃茲、派屈克‧伯根	99 mins	福斯影業 /1991
桃色交易 （Indecent Proposal）	阿德里安‧萊恩 / 伍迪‧哈里遜、黛咪‧摩爾、 勞勃‧瑞福、奧利弗‧普萊特	116 mins	派拉蒙影業 /1993
嫌疑犯 X 的獻身 （Suspect X）	西谷弘 / 福山雅治、柴崎幸、北村一輝、松雪泰子、堤真一	128 mins	威視 /2008
透視愛的進行式 （Body in Love）	Thierry BINISTI/ Sandy LOBRY、Samuel THEIS、 Aurelie VALAT	86 mins	公共電視 /2009
16 個夏天 （The Way We Were）	許富翔 / 林心如、楊一展、許瑋甯、謝佳見、鄒承恩	1440 mins	聯意製作股份有限公司 /2014

六、參考與深度閱讀書目

參考書目

- 史丹伯格（Robert Sternberg）（2001）。《邱比特的箭》。臺北：遠流。

- 沙特（Jean-Paul Sartre）（2012）。《存在與虛無》。臺北：左岸文化。

- 阿姆斯壯（John Armstrong）（2009）。《愛情的條件：親密關係的哲學》。臺北：麥田。

- 洪茲盈（2008）。《無愛練習》。臺北：寶瓶文化。

深度閱讀

- 內格爾（Thomas Nagel）（2007）。《人的問題》。上海：上海譯文。

- 弗洛姆（Erich Fromm）（1969）。《愛的藝術》。臺北：志文。

- 佛洛伊德（Sigmund Freud）（1990）。《性學三論：愛情心理學》。臺北：志文。

- 費雪（Helen Fisher）（2015）。《我們為何戀愛？為何不忠？：讓人類學家告訴你愛情的真相》。臺北：寶瓶文化。

- 狄波頓（Alain de Botton）（2001）。《我談的那場戀愛》。臺北：先覺。

- 狄波頓（Alain de Botton）（2012）。《如何思考性這件事》。臺北：先覺。

- 林芳玫（2006）。《色情研究》。臺北：臺灣商務。

- 柯依瑟爾（Harald Koisser）（2015）。《愛、欲望、出軌的哲學》。臺北：商周。

- 柯萊恩（Stefan Klein）（2004）。《不斷幸福論》。臺北：大塊文化。

- 納斯邦（Martha C. Nussbaum）（2007）。《逃避人性：噁心、羞恥與法律》。臺北：商周。

- 靄理士（Havelock Ellis）（2002）。《性心理學》。臺北：左岸文化。

- Gray, John(1997). *Mars and Venus on a Date: A Guide for Navigating the 5 Stages of Dating to create a loving and Lasting Relationship*. Harper Perennial.

第 五 章

友愛中的兩難

電影《非關男孩》中孤島的封閉與開放

電影檔案：

片名： 非關男孩（About A Boy）

導演： 克里斯·魏茲（Chris Weitz）、保羅·魏茲（Paul Weitz）

演員： 休·葛蘭（Hugh Grant）、瑞秋·懷茲（Rachel Hannah Weisz）、東妮·克麗蒂（Antonia Collette）

長度： 101 分

出版公司： Universal Pictures

出版年份： 2002

一、前言

　　同伴也對人類有益。聽見一個熟悉的聲音會使人微笑，且讓我們有安全感。被寂寞吞噬的人，無法與周圍的人相處的人，很難體驗到美好的感覺。友情與家庭溫暖就像一片沃土，讓幸福得以滋長。（柯萊恩，2004：220）

　　寂寞對於精神與身體都是負擔。寂寞的人是在無人關懷的狀態下應付生活，然而別人的支持通常是最有助克服壓力的良方；他人的關懷可以讓艱辛的狀況變得比較可以忍受。此外，寂寞也會引起壓力，因為孤單的感覺本身就是一種痛苦的經驗。（柯萊恩，2004：223）

　　所以，正如我們自己要看我們的臉時，就照鏡子一樣，同理，當我們認識自己時，也就通過看我們的朋友來知曉。因為正像我們所說的，朋友是另一個自我。再者，如果認識自己是快樂，而沒有作為朋友的另一個人，又不可能認識自己，那麼，自足者就應該需要友愛，以便認識他自己。（亞里斯多德，2001：362）

沒有人是座孤島！我們一出生就被放在家庭與社會關係中，一方面，我們希望自己可以獨立自主，不用倚賴他人或看別人臉色；另一方面，我們又十分渴望別人（特別是親人或好友）關愛的眼神，這點從我們這麼在乎別人在我們的 FB 上按讚的期待與迫切地回應 LINE 中的訊息看出。我們之所以如此在乎別人，源自於自我形象的不確定性與不知如何在孤獨中自處！

而如此渴望與他人緊密連結的情感，使得他人不僅是天堂，同時也可

能是地獄！有時，親人的關係會帶來牽絆，而朋友的背叛更是讓我們愛恨交織。或許，為避免朋友的「真心換絕情」，最好的方式就是不要輕易「搏感情」；為了避免失去親人、愛人的痛苦，最好的方式就是練習一種以「無愛」的方式來面對親人的病痛與死亡。然而，就人的存在而言，這樣是最好的方式嗎？甚至，我們真的做得到嗎？亞里斯多德指出，沒有朋友的人生不能算是幸福的，但是過於在乎朋友，卻又讓我們變得脆弱且容易受傷，看來「友愛」的課題沒有我們想像中那麼容易處理，它需要極高的人生智慧來化解才行。本專題將以《非關男孩》這部詼諧的喜劇電影，來帶領同學認識友愛中的兩難。

二、沒有人是一座孤島：
《非關男孩》簡介

　　"No man is an island"（沒有人是一座孤島）這段出自美國知名搖滾歌手邦喬飛 "Santa Fe" 一曲裡的歌詞，為《非關男孩》開展了電影軸心所探討的主題——人的生存，究竟是否需要、或仰賴與他人建立起的情感網絡。佐以兼備英式詼諧與譏諷的雙重對白，《非關男孩》裡兩個怎麼看都不可能搭上線的主角，用第一人稱敘述出一連串離奇又好笑的事件，也帶著觀眾進入他們個別的內在思考，觀看兩人如何相互改變彼此的生命。

　　電影首先出現的男主角威爾，是一位居住在倫敦，生活充滿「酷感」的單身雅痞。時髦的公寓、追求品味的生活方式、約會對象一個換一個……等不足以形容他有多酷——威爾最酷的地方是在他三十六年的人生中從來沒有工作過，而且一輩子也不需要工作。威爾的父親偶然創作出的耶誕歌曲讓威爾一輩子都能靠著版稅過活，儘管他討厭死了那首歌。你也許很難想像沒有工作的人要怎麼生活，但威爾卻自如地將時間劃分得非常得宜：吃早餐、洗澡、看報紙、看電視益智節目、和迷人的女孩約會……等，消磨時間的功力了得。一生無所成就的他卻也坦率地承認自己就是個膚淺的人，而在他的生活當中，他扮演的就是威爾獨角戲完全也唯一的導演。

　　一次偶然的邂逅，在情場裡總落為「自私又膚淺的王八蛋」的威爾偶然發現了「單親媽媽」這塊新天地。和單親媽媽約會，威爾瞬間成了無可挑剔的好男人，又不必在分手時刻承擔任何責任。基於獵豔尋芳的飢渴，威爾捏造身分、發明了根本不存在的兩歲兒子，加入單親不落單聯誼會，因而間接認識了電影中的第二位男主角，馬克思。十一歲的馬克思是個怪

里怪氣、微微憂鬱的木訥男孩，和威爾恰好完全相反。馬克思時常陷在自己的腦袋裡，在學校常會不自覺地哼出母親教他的過時歌曲，讓他在新轉進的學校裡時常被取笑、捉弄，甚至成為霸凌的目標。馬克思的怪基本上來自母親費歐娜的養成；費歐娜是一位特教學校裡的音樂老師，其特立獨行的人生哲學以及嬉皮的生活態度不僅讓兒子在學校裡顯得格格不入，她的憂鬱傾向也造成了馬克思在家裡、學校都找不到歸屬的困境，不過費歐娜卻從未察覺。

在一次單親不落單聯誼會的野餐約會中，跟著母親好友出門當拖油瓶的馬克思，首次認識一心只想把單親媽媽的威爾。在那天，馬克思不僅意外用麵包砸死了公園池塘裡的鴨子，也經歷了母親費歐娜自殺未遂的震撼。那荒謬有如鬧劇的一天，立下了威爾與馬克思兩人生活交織的開端，不管在家裡或在學校都找不到歸屬的馬克思像是發現了浮木一樣，闖入威爾的生活，也莫名地和威爾建立起一段像父子、像兄長、也像好友的特別情誼，瓦解了威爾一直以來小心維護的獨身生活和拒絕建立情感的防備。《非關男孩》其實述說的是兩個男孩的故事，一個是「生活空白」、內在相對脆弱且顯得不成熟的大男孩，和一個怪里怪氣、在生活中因找不著情感支持而超齡早熟的小男孩。兩人偶然結識後共同經歷的事件揉合了譏諷與希望，在美國派魏茲（Weitz）兄弟導演指導之下，以不慍不火的搞笑片段展現了令人動容的深度，來探討當代人在經營人際關係時（特別是親情與愛情）面對的嚴肅議題。

原著小說作家尼克・宏比長年居住於英國倫敦，在《非關男孩》裡不僅詳細且幽默地敘寫三十多歲的單身漢在英國當代社會的命運，也以細微的筆觸描繪出處於尷尬的青春期男孩因情感無所歸屬而流露的淡淡哀傷。在電影最後，威爾與馬克思儘管相處模式仍不盡融洽，他們卻相互改變了彼此，打破威爾信奉的孤島規則，相互串起，成為在海面下相互連接、扶

持的群島。然而與電影好萊塢式團圓大結局不同的是，在原著小說裡，相互改變了彼此的兩人都個別失去了一些東西：找到真愛、不再是一座小孤島的威爾犧牲了獨身生活的自由與不羈，而獲得情感支持、變得更懂得怎麼處事的馬克思，在某種程度上失去了內在的純真。影片藉由淡淡的隱喻引人省思「沒有人是一座孤島」這樣的說法。事實是，沒有人應該企圖成為一座孤島，但也不應該嘗試與所有人相處融洽而失去自我，如何在兩者間取得平衡，才是友愛關係中最重要的實踐智慧。

三、衝突點剖析

　　本專題所用的「友愛」（philia, friendship）一詞主要借用亞里斯多德的界定。它除了指一般的「友誼」或「友情」之外，尚包括許多不能被歸為友誼的關係，諸如愛情、夫妻關係、父母對子女的愛、對他人或生物的關懷等等。基於此，舉凡具備「無私的幫助、共同的分享與相互依存」三種因素的人際互動，都是「友愛」涵蓋的範圍，亞里斯多德稱此為一種「關係善」（relative goods），是美好人生不可或缺的必要條件。他在《尼各馬科倫理學》第八卷中提到：

> 　　人們以三種因由而起友愛之心。對無生物的愛不能稱為友愛，因為它是沒有回報的愛，也不能對它有善的願望（對酒的善良願望是可笑的，如果真有這種願望，也不過是對它善加保存，以便飲用）。所以說，對朋友的願望是為對方的善。如若對方沒有同樣的善意，那這種對朋友自身的善良願望，也只不過是善意而已。只有得到回報的善意才是友愛。（亞里斯多德，2001：199）

　　首先，朋友彼此之間要求有來有往的相互依存關係。它不是單方的奉獻或付出，而是具有利益與友愛之共享和回饋有關；其次，這種關係要求互為主體的獨立性。友愛的對象為一位具有獨立的善之個體，而非是可以佔有或個人喜好的延伸，他強調真正的朋友將會為了那個獨立的善而希望對方好，而非是自己利益或快樂的附屬品。一旦利益或快樂不再時，交情也就此結束。最後，在友愛之中有一種較具深度和穩定的類型，他稱之為以品格和善為基礎的愛，這種關係本身就是善的，且與每個好的人類生活

計畫有著密切的關係。亞里斯多德所談的這種友愛為一種對美德、人性和相互依存的愛，這樣的「擁抱」方式能夠讓彼此分享各自的美德和價值、快樂，同時，兩人必須在共享的歷程中一起生活和行動。

就「追求幸福人生」來說，親密之愛在個人品德和道德教育中扮演著核心的工具角色。亞里斯多德以他對人類動機的理解來指出這種愛對品格和道德教育上所具備的直接且有效的影響力。就家庭教育而言，父母扮演著學校或社會所無法取代的角色，一來小孩是自己的，二來父母對小孩來說是唯一且無可取代的，這種愛能使父母精準地針對小孩個性作出回應，而這種真切的關愛也使得父母命令或勸說具有形塑力。這樣關愛在成年之前仍然需要，而友愛將取代父母的愛，繼續影響著朋友間彼此的道德發展。相關心理學研究亦印證了這樣的觀點：父母的教養對孩子人格的發展影響有限，反倒是家庭之外他所認可的同儕具有強大的教育功能。（哈里斯，2011：7-23）亞里斯多德進而指出，成年人之間的友愛至少具備底下三種相互影響機制：

1. 勸告和糾正的機制：人要改變自己的個性和習慣相當地困難，而要改變他人更是難上加難。然而，人並非是絕緣體，對於生命歷程中來自我們深愛或深愛我們的人所提出的勸告，我們比較聽得進去，更也願意進一步改變自己的行為。

2. 共同分享活動的同化性：對於與我們所愛與分享交流的朋友，我們會花費時間去分享他的追求，如果這項追求是好的，那麼我們也會跟著變好；若是他的追求是壞的，我們也會受到影響而變壞。這種關係讓我們在與朋友分享過程中得以培養我們的品味和能力。

3. 自我覺知力的提高：亞里斯多德認為，一個人要毫無偏見地認識自己的生活，並評價自身的行動和承諾是件很困難的事。人

難免會自欺，他認為當我們注意到我們關心的人，並在直覺上跟他進行回應，而由於朋友在本質上跟我們十分相近，對於自身的不足與缺陷，可避免讓自己暴露於一種羞恥的窘境，我們比較能接受這個跟我比較相近的「另一個自我」的邀約。透過跟朋友的回應互動會產生反思性的考察，這種反思的邀約是任何從外在的約束或規範所無法取代的。

如果一段友情缺少上述的特質，則可預見這樣的關係將流於形式，甚至難以維持。隨著年齡的增長與遭遇太多被親朋好友出賣的經驗，我們會不太敢相信朋友或投入親密關係之中。如果有個朋友一直欠錢不還，這樣的友誼鐵定決裂；做專題時若有只想要成績而不願一起投入付出的同學，不久他們就會成為拒絕往來戶。麻煩的是，就算我們不打算跟太多人打交道，我們都得跟他人互動才行，而這樣的關係有時候令人相當煩燥且難以忍受。因此，若回到《非關男孩》這部影片來看待友愛這個議題，雖然它以喜劇的方式來收尾，但其中仍潛藏許多讓我們困惑與為難的窘境！

（一）他人回應對自我形象的干擾

愛 的效果　　　漠視 的效果

電影中，威爾和馬克思的互動一開始並不是很融洽，常常會有對不到對方頻率的摩擦；而馬克思和患有憂鬱症的媽媽雖然自成一套相處模式，對彼此的期待卻總是一再落空。到底什麼樣的互動回應的方式是比較理想的？

在面對我們的親友時，我們總是希望自己的意見、情緒和態度的表達能被對方瞭解，而不是答非所問或一再誤解式的回應，這樣的回應除了讓人沮喪氣餒之外，更讓我們與他人的交流停滯，看不到真實的互動：對方能夠依據他對我的意見、情緒、感受等外在的表達適切的理解和體會做出「切題的」回應，反之亦然，我也必須以相同的方式來回應對方的表達。這樣的互動關係看來似乎過於理想，但是我們卻無法否認它的確隱藏在「別人對我們」和「我們對別人」的「期待」之中。

然而，上述的兩種期待總是無法很契合！不知你有沒有這樣的經驗：原本抱著愉快的心情打電話給久未聯絡的朋友，電話那邊傳來的卻是像不認識你的冷漠聲音？當這個期待落空之後，這個朋友還要不要聯絡？也許是這

位朋友情緒不好或人生遇到了什麼過不去的關卡才懶得理我們，但無可否認地，我們也會開始懷疑自我的形象：究竟自己那裡出問題導致朋友不跟我們來往？自己是不是一個討人厭的傢伙？

村上春樹在《沒有色彩的多崎作和他的巡禮之年》小說中虛構了一個很極端的例子。多崎作在念大學的第二年時，受到親密交往甚久的四個朋友絕交的打擊，陷入了想自殺的低潮。在鬼門關繞了一圈之後，他開始去追問各個朋友當初跟他斷絕關係的原因，同時也重新審視自我的形象。原來他的朋友基於某個跟他無關的緣由而必須放棄他，並非是他的個性有什麼問題，而在走訪的過程也找到自己生命中的「色彩」。

對於他人的回應，的確會誘發我們內心某些脆弱且黑暗的層面。沙特也指出他人的存在會暴露自我的「羞恥」（shame），而這種心理感受基本上就是承認「我就是他人所看見的那個樣子」。（沙特，2012：267）然而，我們真的就等於他人所看見的樣子嗎？別人給的負面評價真的是我們自身的問題嗎？事實上，有時候我們根本沒做什麼事，一樣會受到別人莫名其妙的中傷、攻訐，如果放任他人放大我們自我的負面情緒，自我將找不到定義自己是誰的力量。在《我愛身分地位》一書中，狄波頓對此提出他的洞見：我們的自我很容易受到別人的態度影響，別人的漠視會使我們出現自我否定的負面情緒，此時，我們會看不到自己其實還有蠻多正面潛在的優點，它們並不會因為別人的不重視就會完全消失。一旦我們找到足夠的力量不要過度放大或那麼在意別人的態度，我們的自我形象就能獲得較公允的評估，而自己也不會跟自己那麼過不去了！（狄波頓，2005：9-15）

（二）孤島的封閉與開放拿捏不易

　　不知道同學在影片中有沒有留意到威爾所說的一句話？大意是說，當我們對一個人敞開心扉後，就很難抵擋他人的進入。威爾接納了馬克思這份友情後，原本對愛情很少動心的他竟也不設防地墜入愛河。而一旦我們對他人開放時，就必須冒著變脆弱的風險，因為這無異承認了自己在情感中的依附性：我們會因在乎別人而牽動自身的情緒、這些牽絆讓我們無法隨心所欲地過生活。

　　電影的最後，威爾原本像孤島的家熱鬧滾滾，要再一個人自在地坐在沙發喝啤酒看電視的機會愈來愈少了！是的，能夠跟他人建立良好的人際關係是件美好的事，相關的研究也指出，極度的自由可能是有害健康的，人際關係雖然造成了一種約束力，但是這種力量也有助於降低個人過度憂鬱與焦躁的情緒，並減少自殺的比率。（海德特，2007：215-216）

　　然而，人除了渴望與他人建立親密關係外，也有想獨處的需求！當個人無法好好面對自己內外在的問題時，過度與他人互動反而觸動生命內在的緊張關係。人在自顧不暇下其實沒有足夠的能力去跟他人互動，甚至帶給別人幸福。與其這樣，史脫爾認為不如正視孤獨的正面力量。他認為並不是所有的人都能從親密關係中受益，有些人傾向於習慣在獨處中找樂趣、發展興趣與追求自我實現！這些人並非完全無法跟他人建立關係，只是他們不完全在這種關係上獲得滿足，而在某種程度上他們也清楚自己是什麼樣的人。（史脫爾，2009：223）

　　不管那個觀點比較適合你，可以確定的是，天下沒有白吃的午餐，友愛的經營與維繫必須付出許多的代價！有些人在還沒有想清楚之前就一頭栽入，等到發現自己無力承擔關係中的許多責任而想逃避！然而，人際間關係的維繫不能因為個人渴望自由時不想有太多牽絆而切斷，而在孤獨寂寞又想重新接續！所以，如果我們因寂寞難耐而想與他人連結，但在建立關係之後又不肯放棄孤島生活，這時可能要仔細考慮一下自己可以放掉多少自由來串連群島？否則過多的關係不只超出自我所能負荷的範圍，同時也會傷害了我們邀約進來的親友與愛人！

四、延伸議題

1. 《非關男孩》原著書名 "About a Boy" 應該譯為「關於一個男孩的故事」，你認為電影片名刻意譯為《非關男孩》隱含著什麼意義？

2. 你同意「沒有人是一座孤島」這樣的說法嗎？對某些人而言，跟他人互動或建立人際關係是件相當困難的事。假使這些人本身可以過得自足快樂的話，有必要一定要離開孤島嗎？

3. 在電影裡，威爾與馬克思建立起了一份非常特殊的情誼，儘管他們不是相處最融洽的麻吉，卻也在對方心裡扮演著非常重要的角色。你認為是什麼改變了他們兩個人？又，在你的生活中，有沒有一個這樣的角色呢？

4. 本章一開始引用亞里斯多德說「朋友是另一個自我」的說法。他認為朋友就像是鏡子一樣，透過它我們可以看清楚自己。只是，朋友跟鏡子還是不太一樣，一來朋友不會像鏡子一樣立在那裡等我們照看，二來當我們看到鏡中的自己時，不免懷疑它真的是自己嗎？自己都不太瞭解自己了，朋友有可能瞭解嗎？就此而言，朋友不過是自己的另一個複本或投影？還是有其他不同的意含？

5. 進入大學之後，同學們會結交來自四面八方的同學，並開始經營自己的朋友圈。本文提到友愛有三個相互影響的機制，請問：你曾受過朋友什麼樣的影響？朋友在一起真的會受到影響，還是每個人都是獨立自主的個體？

6. 隨著數位科技和網際網路的發達，同學們在手上的智慧手機中社群
軟體裡朋友滿天下且人人稱讚。請問：這一長串的通訊錄名單裡，
有幾位是你生日時會面對面幫你慶生或送你禮物？有幾位在你困難
時會真的伸出援手？

7. 承上題。不管是在咖啡廳、速食店等公共場所，甚至連教室課堂上都
可以看到很多人沒事就會來個自拍或拍東西，然後趕快上網 PO 文。
當一個人自拍時，會不會是一種「自我感覺良好」的表現？如果 PO
網之後都沒有得到朋友的讚聲，是不是就代表自己不夠漂亮？

8. 跟愛情一樣，友情中常常會出現惡意傷害的事件，像是欺騙、背叛、
見死不救、小團體間勾心鬥角，甚至是霸凌。許多小說或電影都處
理了類似的題材，例如：村上春樹的《沒有的色彩的多崎作與他的
巡禮之年》、湊佳苗的《告白》等。為什麼友情會出現變質的情況？
若是碰到類似的情況，你會如何面對？

9. 人與人之間的友情常常是時空交會下的產物。國中、高中同學你還
聯絡的有幾個？你確定大學畢業後同班同學中有幾個是你會想聯絡
的？雖然畢業冊上或互贈的卡片中會寫「友誼長存」、「別離是友
情的延續」等等共勉的話，但大多數情況是：一旦我們離開某個環境，
我們和朋友之間的意義會開始轉變，漸漸地就會找不到交集，久了
也不會想聯絡。請問：什麼樣的友情可以經得起時間和空間的考驗？
維繫這種友情的元素是什麼？

10. 你曾看過什麼跟「友愛」有關的電影？如果要你推薦給大家的話，
你會選哪一部？請試著說明你選的電影情節，以及點出跟友愛有關
的重要情節及最吸引你的地方是什麼。

五、推薦影片

間諜遊戲 （The Spy Game）	東尼‧史考特 / 勞勃‧瑞福、布萊德‧彼特、凱撒琳‧麥柯雷曼	116 mins	前景娛樂 /1995
強迫入境 （Brokedown Palace）	強納生‧凱藍 / 克萊兒‧丹妮絲、凱特‧貝琴薩、比爾‧普曼	138 mins	哥倫比亞三星 /1997
投名狀 （The Warlords）	陳可辛 / 李連杰、金城武、劉德華、徐靜蕾	194 mins	富士電視台 /1996
二分之一的友情 （Dear Friends）	兩澤和幸 / 北川景子、本仮屋唯香	2400 mins	得利影視 /2003
非常母親 （Mother）	奉俊昊 / 金惠子、元斌	128mins	威望國際 /2009
尋找新方向 （Sideways）	亞歷山大‧潘恩 / 保羅‧賈麥提、湯馬斯‧海登喬許、 薇吉妮亞‧麥德森、吳珊卓	99 mins	福斯影業 /2004
人在囧途 （Lost on Journey）	葉偉民 / 徐崢、王寶強、李曼、李小璐、左小青	116 mins	鴻聯國際 /2010
最後的朋友（日劇） （Last Friends）	加藤妙子、西坂瑞城、遠藤光貴 / 長澤雅美、上野樹里、瑛太、 水川麻美、錦戶亮	128 mins	富士電視台 /2008
一路玩到掛 （The Bucket List）	羅伯‧萊納 / 傑克‧尼柯遜、摩根‧佛里曼、席恩‧海斯、 Beverly Todd、羅博‧莫洛	86 mins	華納兄弟影視 /2008
海潮之聲 （The Ocean Waves）	望月智充 / 飛田展男、中村香、關俊彥、荒木香惠	105 mins	吉卜力工作室 /1993

六、參考與深度閱讀書目

參考書目

- 史脫爾（Anthony Storr）（2009）。《孤獨》。臺北：八正文化。
- 沙特（Jean-Paul Sartre）（2012）。《存在與虛無》。臺北：左岸文化。
- 宏比（Nick Hornby）（2002）。《非關男孩》。臺北：時報文化。
- 村上春樹（2013）。《沒有色彩的多崎作和他的巡禮之年》。臺北：時報文化。
- 狄波頓（Alain de Botton）（2005）。《我愛身分地位》。臺北：先覺。
- 亞里斯多德（Aristotle）（2001）。《亞里斯多德倫理學》。臺北：臺灣商務。
- 哈里斯（Judith R. Harris）（2000）。《教養的迷思：父母的教養能不能決定孩子的人格發展？》。臺北：商周。
- 柯萊恩（Stephen Klein）（2004）。《不斷幸福論》。臺北：大塊文化。
- 海德特（Jonathan Haidt）（2007）。《象與騎象人》。臺北：網路與書。

深度閱讀

- 西塞羅（Marcus Tullius Cicero）（2011）。《論老年、論友誼》。上海：上海人民。
- 納斯邦（Martha C. Nussbaum）（2007）。《善的脆弱性：古希臘悲劇和哲學中的運氣與倫理》。北京：譯林社。
- 蒙田 （Michel de Montaigne）（2012）。《論友誼》。大陸：中國對外翻譯。
- 薛清江（2012）。《正視公民與人性：納斯邦哲學思想研究》。高雄：麗文。

第 六 章

祕密中的兩難

電影《桃樂絲的祕密》中的道德與人性掙扎

電影檔案：

片名：桃樂絲的祕密 （Dolores Claiborne）

　　　（原譯名為「熱淚傷痕」，基於行文之便，本文統一用「桃樂絲的祕密」）

導演：泰勒 · 漢克佛（Taylor Hackford）

演員：凱西 · 貝茲（Kathy Bates）、珍妮佛 · 潔森 · 李（Jeffifer Jason Leigh）

長度：132 分

出版公司：巨圖科技股份有限公司

出版年份：1995

一、前言

　　我已經六十五歲了，從我十五歲開始，我就知道人生不外乎是作出抉擇，以及準時付清帳單而已。有時候我們會面臨很難的抉擇，不過我們並不能因此拒絕作選擇，尤其是在其他人依靠我們為他們完成他們無法自己做到的事情的情況下，我們更不能不作出抉擇。在這種情況之下，我們不得不盡量作出最好的選擇，然後付出代價。（史蒂芬‧金，2002：246）

　　少了神祕感，就不可能說出令人難忘的故事，不管是拍電影或真實人生，都有兩種祕密：一種有關過去，一種有關未來。偵探片與懸疑片，是兩種跟祕密最有關的電影，在這類電影中，「這是誰幹的」，指的是「過去」的祕密，「誰是下一個受害者」，指的則是跟「未來」有關的祕密。……過去的陰影一直揮之不去，我們必須先明白「過去」曾經發生什麼事情，才真正看懂主角們的心。（蘇伯，2012：264）

　　不知是因為人們對八卦的天生喜好還是偷窺他人隱私的不良癖性，藏有「祕密」的電影總是會激發我們無窮的好奇心；裡面的「梗」埋得愈深，我們就愈想一探究竟！《桃樂絲的祕密》這部電影也不例外，它涉及了桃樂絲不為人知的祕密和如何與它和平共處的艱辛歷程。電影改編自史蒂芬‧金（Stephen King）的同名小說，導演除了精準地傳遞原著作者驚悚懸疑的敘事調性，更透過影像揭露桃樂絲在「過去創傷」與「未來生存」之間擺盪的酸楚與困境！

　　究竟在什麼樣的情況下，或基於什麼因素，會讓人必須懷抱許多不能說且不知向誰訴說的祕密生活？對於這些祕密，究竟是坦誠說出真相比較好，還是繼續隱瞞下去？心中有著「不能說的祕密」並不會像電影情節般浪漫，它對現實中的你我猶如一枚未爆彈，隨時都會把我們的自我炸得支離破碎！對於守著祕密的當事人而言，是什麼樣的力量支持他們孤獨地面對自己殘破的生命歷程？而當事者又該如何跟該祕密關係人互動？當朋友間有了共同祕密時，這樣的友情將會面臨什麼樣的考驗？透過《桃樂絲的祕密》，我們將帶領同學一窺祕密背後的煎熬，以及它所可能觸及的道德和人性間的掙扎！

二、臭婆娘的心聲：
《桃樂絲的祕密》簡介

在史蒂芬·金眾多的著作中，只有《桃樂絲的祕密》是獻給他辛苦的母親露絲。童年時父母便已離異，在史蒂芬·金的成長過程裡父親一直是缺席的，就算是在他半自傳式的《史蒂芬·金談寫作》一書中也沒交待他父親的去向。可能是這種童年經驗，讓他有足夠的同理心描寫出這個讓人感同身受的故事。全書以第一人稱發聲，採用桃樂絲向警方錄製自首的告白與自述，相當冗長且鉅細靡遺，卻不落於俗套，更難能可貴的是史蒂芬·金從男性的身分刻畫一位強悍女性內心世界的仇恨與酸楚，十分深刻且令人動容。

主角桃樂絲原本是一位浪漫且無憂的少女，和高中同學喬陷入情網，隨即因懷孕而走入婚姻；對婚姻本質懵懂無知的桃樂絲，本來以為婚姻是掙脫原生家庭綑綁的一種方式，卻沒有想到自己只是從一個火坑跳到另一個火坑，她除了習慣與認命外，似乎找不到與父權體制對抗的力量。

桃樂絲在傳統婚姻中扮演任勞任怨為家庭付出的妻子，集順從、容忍、樸實於一身。由於丈夫好吃懶做且酗酒成性，家計漸漸落在桃樂絲一人的身上，她只好在外幫傭負擔家計，從早到晚工作，強悍而不歇；然而丈夫喬卻對於蓬頭垢面的桃樂絲極盡苛刻之能事，形容她是「穿著邋遢、相貌醜陋，讓人提不起性欲的女人」。在桃樂絲為生活而奮戰的同時，還必須長期忍受喬的暴力相向，她原本認為承受丈夫偶爾的家暴是婚姻生活的常態，對於丈夫的惡形惡狀只能束手無策，默默成為婚姻暴力的犧牲品；但是小說中的另一條主線卻隱含桃樂絲女性主體自覺的歷程，這一層敘事圍繞在桃樂絲於嚴苛雇主薇拉家中幫傭時所受到的啟發。

　　在電影的敘事中，透過桃樂絲活靈活現地描繪，細數出有錢雇主薇拉的偏執與不近人情，對於下人不容寬貸的挑剔與折磨，以及種種家務上細瑣而繁複的要求。然而在冰冷嚴苛外表下薇拉卻是沒有任何的親人，逐漸變成所有人都避之唯恐不及的臭婆娘。沈痛地自白出女性是不得不變成倨傲臭婆娘才得以生存的薇拉，也和幫傭桃樂絲之間因爲朝夕相處而產生惺惺相惜的情感。當桃樂絲發現丈夫幾次試圖侵犯自己的親生女兒，最後甚至私自挪用女兒的大學基金到自己新開的帳戶時，無計可施而絕望的桃樂絲選擇向雇主薇拉求援，而桃樂絲下定決心殺害丈夫來自我拯救與保護兒女，正是來自薇拉的提點。

　　在小說中的日全蝕情節不論就具體或抽象層面皆有重大意義，因爲日全蝕，桃樂絲才進行殺害丈夫喬的計畫；日全蝕的發生，也暗喻了桃樂絲由黑暗走向光明解脫的歷程。故事最終，桃樂絲走出了亂倫、暴力、殘虐的陰影，卻得不到女兒的諒解，成爲一位孤寂的臭婆娘！有意思的是，電影版本提供了一個比較溫馨的結局：女兒在正視自己的生命創傷之後，開始意識到母親所做的抉擇與所承受的一切背後都是爲了保護她；雖然她還不知道怎麼理解這一切，但她所釋出善意消融了母女長期的冰封關係，同時也給了雙方在冷酷的現世堅強活下去的意義與勇氣。

三、衝突點剖析

不知同學們在看電影時有沒有被劇情吸引住，並見識到史蒂芬・金說故事的深厚功力？這原本可能只是你我常在社會新聞看到的家暴事件，透過他充滿文學與戲劇性的手法，筆鋒犀利且鋪陳迂迴地挖掘背後的道德困境與不為人知的真相。須知，號稱全世界最會說故事的好手，史蒂芬・金「恐怖小說大師」的封號絕非浪得虛名，這裡除了有他擅長處理的驚悚駭人題材所帶來的恐懼狂暴外，還包含嚇死人不償命的情節與氣氛營造手法。

《桃樂絲的祕密》這部電影在原著小說強力故事性的加持下，導演以現實與回憶穿插交錯的方式來拼湊祕密背後的真相。仔細看進去，裡頭還涉及許多相關主題：女性翻身的可能（在婚姻關係中，萬一遇人不淑時，還有沒其他可能的生命出路？）家事勞動的其他出路（女性除了做家事外，還有沒有其他經濟獨立的選項？）創傷症候群的治癒（女兒童年創傷後導致煙酒成癮與無法與他人建立親密關係）、女性情誼的維繫（桃樂絲生命最黑暗時薇拉的情義相挺、薇拉重病時桃樂絲的不離不棄）、支持「將來之我」的生命根本計畫（女兒的將來、薇拉的看護、讓真相大白的期望）、生命意志的強韌度（面對悲慘的困境，個人有沒有堅強克服的能耐？）自我的脆弱性（面對惡運或逆境打擊時，自我是否能免於崩潰且安然渡過？）等等。為了聚焦其中的兩難討論，我們把重心放在底下這兩個衝突點上：

（一）順應法律道德規範下的女性，是否能找到「跳脫」
　　　的決心和勇氣？

　　從旁觀者的角度來看，桃樂絲的運氣一直很背。打從她出生、嫁人、生女兒和找工作，似乎一直是坎坷連連；而當時對女性不利的社會體制也形塑著她的欲望和偏好，除了認命和逆來順受地過完這一生，怎麼也看不出她有其他更好的選項或解套的可能。現代對於受虐婦女的相關研究指出，長期遭受暴力凌虐的婦女都具有「習得無助感」（learned helplessness），因此，她們所面對的恐懼並非憑空想像出來的，而是在暴力循環之下所形成的。（納斯邦，2013：90-92）該恐懼情感的對象性相當明確：對自己和小孩的威脅，這種威脅因施暴者的暴力傾向、酒精和藥物的濫用而顯得日益嚴重，有時甚至會失控傷人。我們不太確定桃樂絲是怎麼撐下來的，以及在她要忍受的過程中的煎熬與創傷；我們只能從飾演桃樂絲的主角凱西・貝茲歷盡滄桑的臉龐與慓悍的身影看到她不曾後悔地承受自己抉擇的後果，而明明是件讓他人消失不見的殺人事件，卻不見她行凶後的悔意或不安。從現行的法律和道德標準來看，我們是該同情桃樂絲不得不殺人的苦衷，還是希望她可以接受法律的制裁，好讓正義得以伸張？如果是後者，我們看電影時所誘發的同情心會被認同嗎？

路克斯（Steven Lukes）在《權力：基進觀點》中以「適應性偏好」（adaptive preference）來說明社會文化透過各種權力的運作來控制個人的欲望與偏好。「適應性偏好」指一種「將欲望修剪至合於外部環境」的轉換過程，此過程有點像是吃不到葡萄說葡萄酸的「酸葡萄」心態。當一個文化與體制刻意排除許多可能選項而以單一且褊狹的方式來讓人處於無助的狀態，個人其實找不到跳脫的可能，久而久之則在「習慣與認命」的狀態下告訴自己不要有其他想改變的欲求，自己的命運就只能是這樣，不管做再多的掙扎也是枉然。相較之下，「自主欲求」（autonomous wants）則是可以透過學習與對自身欲望反省而找出能夠「掌控自己人生其他可能性」與「自我認同」之出路。（路克斯，2015：197-215）

　　然而，要達到「自主欲求」談何容易？不知你有沒有發現，電影中偷偷地埋了一個線索：就算所有的欲求都有可能受到控制和扭曲，人性中有些結構在某種程度上是獨立於社會文化的！諸如：對身體的健康、安全、食物、自由行動、摯愛親人的安危等的欲望與情感，都是人之所以為人的永久特徵，就算社會文化再怎麼強力形塑，也都無法移除它們。從這個角度來看，桃樂絲從一位家暴下無助的婦女到一位孤傲的臭婆娘的轉變，印證了就算法律道德再怎麼強勢完備，人性中有些東西是無法被抹滅的！

（二）身處逆境時，傷痕累累的自我，該如何找到活下去
　　 的動力？

生命「根」本計畫

　　面對逆境時，你最多可以撐多久？當全世界幾乎都快與你為敵且胸臆塞滿難以宣洩的負向情緒時，你如何讓自己不致於崩潰？電影中，桃樂絲強悍的身影讓我們見識到「為母則強」的女性光輝外，似乎再怎麼艱難孤寂的處境都打不倒她。想像一下，在那種情境下，我們有可能那麼堅強嗎？究竟是什麼樣的原因讓桃樂絲可以堅持地面對生命中的各種厄運與風暴？尼采所說的「殺不死我者必使我強大」的說法似乎蠻適合套在桃樂絲身上，「逆境」可以使自我更強大，並激發生命潛能！

　　晚近的心理學研究對此「逆境」說法提出不同看法。並不是所有人都像桃樂絲這麼堅強，可以逆來順受地調整自己混亂失序的人生。這樣的說法太過於簡化人格特質改變的複雜性。借用 Dan McAdams 的「人格三層次說」，海德特指出，傳統上所強調的「基本特質」只是一種最低層次的人格，反倒

是第二層次的「個別性調適」比較能說明不同調適能力的人在面對挫折時的不同反應，這種人格與個人所扮演的某種角色或維持的地位，並跟他所處的環境和人生階段密切結合。第二種層次有點像是自我調整的緩衝層，不同的人格特質對於自己角色的認同與環境壓力的反應不同，連帶地影響這種能力的表現。而除了這二種層次的人格外，還有第三層的「改編人生故事的能力」。這一層面牽涉到個人處於危機時對於人生意義的解讀與詮釋，悲觀的人總是以負面逃避的心理做為防衛機置，並只能以悲慘的方式來訴說自己的人生故事；至於樂觀的人比較容易找出事件的意義，除了以正面的方式訴諸行動解決問題，且能適時地改寫結局。（海德特，2007：220-247）

　　上述的說法有助於我們理解桃樂絲面對困境時的心理轉折。我們不太清楚她是悲觀還是樂觀的人，不過可以確定的是她能夠在殘破人生故事裡找出支持她前進的動力。究竟這樣的動力是怎麼來的？當代英國倫理學家伯納德‧威廉斯（Bernard Williams）在《道德運氣》（Moral Luck）提出相當精闢的詮釋：一個人該選擇什麼取決於個人對自己生活意義的把握和理解；亦即，使生活或生命變得有意義的東西比起社會外在的道德義務準則要來得深刻，更能說明當事者當下的行動和抉擇。道德這種「奇特的體制」為了維持它的純粹性與普及性，有時候會抽離掉我們所熟悉的道德經驗、情感與倫理直覺。只是，每個人在面對生命重大抉擇時仍然會從「什麼事對我而言是最根本且有意義的」出發，他稱此為「生命根本計畫」。該計畫包含了個人對自己未來的信念、自身的幸福的情感判斷等等，它讓一個人產生了將自己推向未來的動機和力量，也讓個人能在困境中挖掘生存的意義。換言之，假設一個人的自我存在狀態可以用「過去／現在／未來」來區分，該計畫極有可能是支持「現在的我」過度到「將來的我」的理由！他指出：

在一個人生活的絕大部分時間，或者甚至只是在一段時間裡，他可以具備一個根本計畫或者一系列這樣的計畫，而這種計畫與他的存在密切相連，並在很大程度上賦予他的生活意義。（威廉斯，2007：18）

的確，從外人的角度來看，桃樂絲的一生真的是困頓悲慘極了，要是一般人說不定早就活不下去了。但就她自己內在的生命歷程而言，她為了追求自主所付出的努力、和薇拉之間的相知相惜、女兒的安危和幸福，甚至期待有朝一日女兒能相伴，這些外人不曾在意的小事卻是她生命底層的基柱，讓她撐過一波波命運的風暴。

最後，在許多共通的人性或生命議題上，我們其實很難冷眼旁觀，一個錯誤的抉擇、命運的作弄、自我意志的脆弱，都有可能讓我們變成當事者。或許同學們覺得自己沒什麼不可告人之事，但沒有人是完全透明的，生命也遠比我們現在想像的要來得複雜。就算很想紅或希望粉絲破萬，大部分的人並不會把生活的全部攤開，例如：在自己獨處時開心地挖鼻孔和摳屁股，甚至在別人沒看到時偷偷聞一下自己的腋下味道；至於令人感到羞恥或難以正視的生命困境更不用說了，應該沒有人會想把它貼上 FB 跟大家分享。而從道德推理的角度來說，這部電影提醒了我們道德判斷無法脫離人性因素而單獨運作，而唯有正視生命的本質與道德的複雜性，我們才比較有可能在祕密的兩難中找到一條屬於自己的出路。

四、延伸議題

1. 殺人在道德和法律上都不被允許的。在電影《桃樂絲的祕密》中，桃樂絲為了保護女兒不惜設計殺害丈夫，這樣的行為明顯是件不道德的行為。遵守習俗、文化、道德原則真的那麼重要，甚至可以不用管桃樂絲有苦說不出的艱難處境？當一位女性在以男性為主的社會體制下找不到出路時，你認為桃樂絲這種把她先生「變不見」的方式是最好的嗎？是的話，為什麼？不是的話，又是為什麼？

2. 在電影《桃樂絲的祕密》中，桃樂絲一直在一位貴婦薇拉家幫傭。而在她生命最黑暗艱難時受到薇拉的提點，其中最關鍵的一句話是關於「女人不壞」的名言。請問：這句話除了表面字義外，還有沒有更深刻的意涵？可試著扣緊它在電影中出現時的脈絡與情境來闡述之。

3. 延續上一題。據電影情節的描述，薇拉是個相當難搞的貴婦，桃樂絲常在背後罵她「臭婆娘」，如果不是為了幫女兒存學費，她早就逃之夭夭了。在薇拉中風後的晚年，為何桃樂絲又不離不棄地照顧這位脾氣更不好的賤人？跟其他談「女性情誼」的相關電影比較起來，桃樂絲和薇拉的關係具有什麼樣的特色？

4. 桃樂絲在將她的先生「變不見」之前，經歷相當掙扎的心路歷程，並默默地容忍先生喬在言語和肢體的霸凌；而最後在日全蝕自然現象即將出現之前，她似乎若有所悟地必須下定影響她和女兒生命的關鍵決定。在這事件過後，影片中桃樂絲堅強的活著，似乎沒有表現

出遺憾或後悔，甚至恐懼的情緒。請問：這究竟是她生命意志特別堅強，還是這種堅強的背後其實還有其他的理由、動力支撐？如果有的話，它們可能是什麼？如果沒有的話，為什麼她的自我沒有崩潰？

5. 從現代法律的角度來看，桃樂絲讓她的先生喬從人間蒸發的方式，算不算是受到暴力威脅時所採取的一種「正當防衛」？而從她設陷阱的過程來看，似乎比較偏向「蓄意殺人」？請問：你認為桃樂絲的行為屬於那一種？須詳述你的理由。

6. 電影介紹中老師提到桃樂絲面對的是「父權體制」的社會，請問什麼叫父權體制？還有什麼相關的電影談到這個問題，請同學試著找一下，並回答這種體制的定義與特質。

7. 《桃樂絲的祕密》在臺灣上映時的中譯名稱為《熱淚傷痕》，傳神地點出桃樂絲與她女兒莎琳娜的創傷療癒過程。從心理學的角度來看，莎琳娜的童年遭遇及其長大後的性格呈現出一種「創傷症候群」。海德特在《象與騎象人》中的〈逆境〉（220-249）中借用心理學家丹·麥克亞當斯（Dan McAdams）的人格三層次說「基本特質／個別性調適／編出人生故事」來強調每個人面對創傷的不同，有的能調適得很好，有的則一直走不出來。請問：電影情節中如何來描述莎琳娜的創傷？以及，隨著桃樂絲祕密的揭露，莎琳娜作了哪些調適並繼續編造自己的人生故事？

8. 人類文明在進入二十一世紀後，許多區域仍存在女性處境極度不平等的情事，特別是在回教國家和印度這兩個區域。據 2007 年 9 月 21 日《聯合報》國際新聞報導，埃及因為女子割禮習俗導致多名女童

死亡而爆發了大規模的示威遊行運動，罕見地由官方、宗教界人士、活躍的社運人士聯合推動廢除此習俗，無奈許多民風保守的地方仍然固守這樣的習俗。此外，2012 年 1 月 31 日《美聯社》國際版刊登了這樣駭人聽聞的新聞：加拿大一個阿富汗移民的家庭，因女兒未經父親同意結交男友，父親夥同兒子和小老婆假借捍衛家族的理由殘忍殺害二位女兒和大老婆，罪犯聲稱這是為維護回教戒律的一種「光榮處決」（honor killing）。至於印度女性除了有上述類似的遭遇外，還常常遭受到強暴、父兄欺凌或殺害。請問：你認為這樣的習俗合乎人性嗎？當地的婦女除了認命外，還有沒有改變自身處境的可能？

9. 在臺灣社會早期也存在著許多跟桃樂絲相當遭遇的婦女。除了小說家李昂在《殺夫》中虛構影射的情節外，1993 年 10 月 27 日發生的鄧如雯殺夫案則是震驚社會的真實事件。在看完《桃樂絲的祕密》這部電影後，請試著查一下中文維基百科「鄧如雯殺夫案」，並陳述你對這個事件的看法。

10. 除了上一題所提到的案例外，在臺灣社會新聞中也常看到許多「家暴」或「狼父性侵女兒」的相關報導。請試著用 google 搜尋其中一則來跟《桃樂絲的祕密》這部電影比較之。

五、推薦影片

刺激 1995 （The Shawshank Redemption）	弗蘭克・達拉邦特 / 提姆・羅賓斯、摩根・費里曼、威廉・桑德勒、 巴布・岡頓、克藍西・布朗、吉爾・貝羅斯	142 mins	城堡石娛樂公司 /1995
綠色奇蹟 （The Green Mile）	法蘭克・戴拉邦 / 湯姆・漢克	188 mins	城堡石娛樂公司 /1999
砂之器 （The Castle of Sand）	野村芳太郎 / 丹波哲郎、加藤岡、島田陽子	143 mins	松竹株式會社 /1976
心靈鐵窗 （Boy A）	約翰・克勞利 / 安德魯・加菲爾德、阿爾菲・歐文、 凱蒂・里昂絲、彼得・穆蘭	106 mins	ABC Distribution /2007
白天的星星 （Love is sin）	黃朝亮 / 林美秀、陳慕義、紀亞文、小薰、 韋杰、吳宏廷、黃秀珠、巴代、張明照	100 mins	柏合麗影業股份有限公司 /2012
祕密（東野圭吾） （The Secret）	瀧田洋二郎 / 岸本加世子、小林薰、廣末涼子	119 mins	龍祥電影 /1999
青之炎 （The Blue Light）	蜷川幸雄 / 二宮和也 、松浦亞彌 、鈴木杏	116 mins	聯合國際影業 /2003
女大生的祕密 （Slovenian Girl）	丹揚・寇佐雷 / 妮娜・伊凡尼欣 、彼得・穆瑟夫斯基	92 mins	聯影（聯贏）/2011
時時刻刻 （The Hours）	史帝芬・戴爾卓 / 梅莉史・翠普、妮可・基嫚、茱莉・安摩爾、 史蒂芬・迪藍	114 mins	邁拓娛樂 /2002
麥迪遜之橋 （The Bridges of Madison County）	克林・伊斯威特 / 克林・伊斯威特、梅莉・史翠普	135 mins	華納兄弟影視 /1995

六、參考與深度閱讀書目

參考書目

- 史蒂芬‧金（Stephen King）（2002）。《桃樂絲的祕密》。臺北：新雨。
- 史蒂芬‧金（Stephen King）（2006）。《史蒂芬‧金談寫作》。臺北：商周。
- 威廉斯（Bernard Williams）（2007）。《道德運氣》。上海：上海譯文。
- 海德特（Jonathan Haidt）（2007）。《象與騎象人》。臺北：網路與書。
- 納斯邦（Martha C. Nussbaum）（2007）。《逃避人性：噁心、羞恥與法律》。臺北：商周。
- 路克斯（Steven Lukes）（2015）。《權力：基進觀點》。臺北：商周。
- 蘇伯（Howard Suber）（2012）。《電影的魔力》。臺北：早安財經。

深度閱讀

- 上野千鶴子（1997）。《父權體制與資本主義》。臺北：時報文化。
- 上野千鶴子（2015）。《厭女：日本的女性嫌惡》。臺北：聯合文學。
- 布朗靈（Kevin Browne）（2008）。《預防家庭暴力》。臺北：五南。
- 科特曼（Christopher Cortman）（2014）。《心靈療癒自助手冊：心理學家教你看穿情緒，找回幸福人生》。臺北：天下文化。
- 詹姆斯（John W. James）（2011）。《一個人的療癒：真正的放下，是你不介意再度提起》。臺北：大是文化。
- 詹明森（Lynn Jamieson）（2002）。《親密關係》。臺北：群學。
- 摩根（Alice Morgan）（2008）。《從故事到療癒：敘事治療入門》。臺北：心靈工坊。

第 七 章

文化體制中的兩難

村上春樹《東尼瀧谷》中「孤獨個人」作為衝撞社會體制的武器

電影檔案：

片名：東尼瀧谷（Tony Takitani）

導演：市川準

演員：宮澤理惠

長度：76 分

出版公司：勝琦

出版年份：2004

一、前言

　　想要瞭解日本民族，第一步必須從「各守本位」對他們所具有的意義下手。日本人對秩序及階層制度的信賴，我們對自由和平等的信仰，乃是兩種相差甚遠的態度；我們很難把階層制度視為一種可行的社會機構，而給予適當的理解。在日本民族有關人際關係以及個人國家關係的整個觀念中，他們對階層制度的信賴乃是核心所在；為了瞭解日本人的生活觀，我們必須先描述一下他們的各種民族制度，諸如家族、國家、宗教及經濟生活等。（潘乃德，2009：38）

　　故事當然是 story。Story 既不是論理、不是倫理也不是哲學。而是你所繼續做的夢。也許你並沒有發現，但正如在呼吸一般，不斷做著那個 story 的夢。在那 story 中，你擁有兩張臉。你既是主體，同時也是客體。你既是總和，同時也是部分。你既是實體，同時也是影子。你既是創作故事的「製造者 maker」，同時你也是體驗那故事的「玩家 player」。我們由於或多或少擁有這種多層的故事性，在這世界上才能治癒身為個體的孤獨。（村上春樹，1998：565）

日本是個相當奇特又難以理解的民族。對於西方國家而言，這樣的感受尤其強烈。《菊花與劍》一書為二次大戰期間美國人對日本文化的好奇與不解下的產物。作者潘乃德本人未曾到過日本，而是透過大量的日本電影、戲劇、小說和史籍等大量資料，再加上對日本戰俘和日裔美人的訪談紀錄，寫成這本文化人類學的經典。他認為日本人對階層制度和秩序的遵

守與信賴，像呼吸空氣一樣自然，而儘管隨著時代的改變情況而有所不同，這樣的精神仍以各種形式存在著，例如在家庭關係中、經濟活動中、官僚體系的運作中處處可見。然而，情況真的是這樣嗎？從我們曾經接觸過跟日本文化有關的卡通、動畫、電玩、電影、日劇與 AV 光碟中，似乎又透露出日本文化有一種極端「原子式個人」的傾向，特別是村上春樹的小說中一直出現這樣的主題！

我們活在文化與社會中，而它們也以各種有形與無形的方式來形塑我們。只是，並不是所有的人都能適應這樣的外在環境與現實，而當個人與整個體制和文化格格不入，並受到其中粗魯地霸凌或排擠時，個人是該繼續孤獨地忍受一切，還是要放棄自我融入體制之中？延續並深化前一個專題〈祕密中的兩難〉中所觸及的體制化問題，本專題將以改編自村上春樹短篇小說的同名電影《東尼瀧谷》為核心展開並延伸探討：身處文化與體制之中的個人所可能面臨的兩難。

二、像幽靈般揮之不去的孤獨感：
《東尼瀧谷》簡介

改編自村上春樹的短篇小說的《東尼瀧谷》，導演市川隼把村上春樹獨具魅力的文字影像化，精準地捕捉當代人的存在境遇，將村上小說中的「孤獨感」表現一覽無遺。

插畫師東尼瀧谷的母親早逝，父親瀧谷省三郎是一個到處流浪的爵士樂手，瀧谷省三郎是「變成孤獨一人也並不特別感到悲哀」，儼然也成為東尼瀧谷的另一個分身，而深植於東尼瀧谷命運中的孤獨，也來自於漂泊流浪成性父親的缺席。

東尼瀧谷那充滿異國風情味道的名字，令他成為朋友嘲笑的對象，沒有完整家庭又沒親密朋友的他，從小便被孤獨和寂寞包圍，自始終身處於安靜的個人世界。當他遇上了比他年輕十五歲的英子（宮澤理惠飾演）時，他被英子的優雅氣質給吸引，也對她優美演繹衣服「被她穿上身就像獲得新的生命似的」體態所吸引，兩人即墜入愛河並結為夫婦。在對英子求婚之前，東尼瀧谷以前不曾在意的孤獨感不斷襲來，讓他難以承受，小說中這樣描述著：

> 在她考慮的期間，東尼瀧谷每天獨自喝著酒。工作都放了下來。孤獨突然變成重壓壓迫著他，使他感到苦悶。孤獨就像牢獄一樣，他想。只是我過去沒留意到而已。他以絕望的眼光繼續望著包圍著自己的牆壁的那種厚和冷。如果她說不想結婚的話，我可能會就這樣死去也不一定。
>
> 他跟女孩見面，把這件事向她確實說明。到現在為止自己的人生是多麼孤獨，失去了多少東西，而且是她使自己發現了這個事實。（村上春樹，2005：86）

　　女孩答應了，東尼瀧谷結束了人生孤獨期。而正當東尼以為這是他人生最幸福的時候，戀衣癖的英子愛購買名牌服飾的習慣卻愈來愈失控，購物癖使得家庭的經濟岌岌可危。有一次，英子為了將買來的衣服退回，一時失神而意外車禍身亡。無法接受現實的東尼，找來另一位與英子體型相當的女子，試穿亡妻所遺留下來的大批華美衣服，最後更把二手店商家找來搬走所有的衣服，空蕩蕩的房間恰好就是他心境的寫照。

　　英子對於時尚衣飾有難以控制的迷戀，而她身上「某種強烈打動他心的東西」，正是因為偏執戀物而散發出來的疏離氣質。戀衣癖的英子透過不斷購買衣服來調適日常的生活，雖然身處於與東尼看似和諧美好的婚姻中，卻以優雅的姿態維持著她不為人所知的孤寂；更具體地說，英子是透過對物質的耽戀，來取得與世界的連繫，以一件件名牌衣服確認自己虛無的存在感，那種無以名之的寂寞與空乏，連深愛她的東尼也無法深刻理解她。

　　東尼瀧谷終究還是得孤伶伶地一個人面對孤獨，而這樣的孤獨感又比未遇見英子之前更來得淒冷難當。村上小說中的人物都有一個獨特的小宇宙，不太理會外在現實的世界，而在求得內在的絕對自由之時，也排斥了他者進入這個領域。究竟是什麼樣的原因會讓村上不斷地往自我的內在去挖掘？如果就算與他人的接觸也趕不走個人存在的孤獨感，是否意謂人只能不斷強化獨處的能力來勇敢面對現實的一切苦悶與不滿？又或許，村上不斷挖掘日本群體化社會中個人存在的孤寂及情感上的疏離，就某種角度來看，說不定是他為了要表達自己對外在現實世界的強烈不滿所採取的書寫策略呢！

三、衝突點剖析

被譽為日本「80 年代文學旗手」且兩度獲諾貝爾文學獎提名的村上春樹，雖然畢業於戲劇系，原本的志願只是想開個 JAZZ PUB 讓自己可以整天聽喜歡的音樂。在偶然的機會下，村上春樹開始寫作，發現自己或許可以寫出些東西來，毅然放掉 PUB 的工作而成為專職作家。而為了維持寫作的體力，他開始練習慢跑和參加鐵人賽，而且一跑就是二十幾年。他的寫作生涯也是以跑馬拉松的方式進行著，作品數量驚人，同時也勇於嘗試各種寫作類型，作品被譯成各國語言而成為世界知名作家。除了他的成名作《挪威的森林》等小說著作外，其他像談音樂、威士忌、報導文學等等非小說作品，也都相當趣味可讀。

就他的小說作品而言，故事主角都跟東尼瀧谷一樣（影片中的主角長得跟村上本人十分神似），跟現實世界保持疏離的態度，並帶著濃到化不開的孤獨感。這種不斷往主角自我內在挖掘的寫作方式，透過強烈的個人獨白式的舖陳，營造出獨特的文學景觀。楊照先生在《永遠的少年：村上春樹與《海邊的卡夫卡》》中指出村上三十年來的作品中持續關注的核心元素有下列三項：

1. 人與自由的關係。取得自由之後要如何運用自由，這不是件簡單的事，很多時候甚至是件恐怖的事。

2. 人與人之間的疏離。人活在一個我們無法追究，永遠莫名其妙的世界裡，這個世界逼迫我們採取一種疏離的、慵懶的生存態度或生存策略。

3. 雙重、乃至多重世界的並置、拼貼，而且用這種手法來彰顯我們所存在的具體世界。（楊照，2011：34）

從上述三項元素中不難看出裡有深刻的存在主義式的人性關懷，而這項關懷促使他重新反省社會體制的壓迫性。村上曾在一篇名為〈牆和蛋〉的文學獎得獎感言中作了生動的陳述：

> 請試著這樣想。我們每個人或多或少，就是一個蛋。擁有一個不可替代的靈魂和包著它的脆弱外殼的蛋。我是這樣，各位也一樣。

> 而且我們某種程度或多或少，都面臨一堵堅固的高牆。這牆有一個名字：就是「體制」（system）。那「體制」是本來應該保護我們的東西，但有時那卻獨立起來開始殺我們，並讓我們去殺別人。冷酷、有效率，而且有系統地。

> 我寫小說的理由，追根究柢只有一個。就是讓個人靈魂的尊嚴浮上來，在那裡打上一道光。（村上春樹，2012：73-74）

正由於這樣的人性關懷，村上聚焦於東尼瀧谷的孤寂，更加突顯了造就這種現象的背後體制問題。東尼一個人孤伶伶地一個過生活，母親早逝加上父親對家庭沒有責任感，他其實是在一個極度缺乏關愛的環境下長大的孩子。電影中東尼也說他已經習慣了一個人的生活，就算再怎麼孤獨他都能忍受。這樣面對孤獨的方式，究竟是他面對情境下的無可奈何，還是出於自主的選擇？至於「像鳥一樣」飄出場的英子也似乎沒什麼親友，而她世界的中心就是不斷地買和穿衣服，偏偏再多的物質似乎都無法填滿她的空虛。他們的自我似乎找不到在現實世界中的著力點，而只能慢慢朝向外在環境所形塑的悲劇結局。村上訴說著這樣的故事究竟想傳達些什麼？若是結合他長期創作中的核心元素，筆者以為他至少指出了面對文化體制的「壓倒性暴力」時的兩條可能出路：

（一）孤獨的命運風暴來襲時，可以嘗試走進去，並從中鍛鍊強悍的生命勇氣

對於從未接觸過村上春樹作品的同學而言，《東尼瀧谷》中主角的孤獨感不知有沒觸動你曾經一個人獨處的經驗？一個人吃飯、逛街、面對漫漫長夜？曾聽同學說過他無法忍受這樣的情境，無論如何總是要找人陪著才行。

相關的研究也指出，寂寞孤單對於身體和精神都是一種負擔，除了會引起壓力外，並會誘發自身被離棄的恐懼感。就算是成年人處於這種情況也會出現不安、內心空虛、緊張、失眠、食欲不佳和自我懷疑。（柯萊恩，2004：225）

然而，一個人獨處真的沒有半點好處？如果自己真的有很多事要做，例如：做畢業專題、考證照、寫作業，而這些事偏偏別人都幫不上且得一個人面對時，獨處就有其必要性。精神醫學家史脫爾（Anthony Storr）在《孤獨》一書中強調：

> 　　精神的態度必須改變時，獨處的能力就是很重要的一種資
> 源。一個人的環境經過重大改變之後，可能需要對生存的意義與
> 重要性作基本的重新評估，但如果社會公認人際關係可以解決各
> 種憂苦，有時候很難讓善意幫忙的人相信，孤獨與感情上的支持
> 一樣具有療效。（史脫爾，2006：43）

　　史脫爾對於現代人對親密關係與健康幸福的過度強調持保留的態度，並考察了許多天才和藝術家的生命歷程來印證，除非是會傷身的強制性孤獨（像是拘禁、獨囚的感覺剝奪）外，孤獨仍有其益處，特別是在安全感的建立（一位成熟的人既能與人建立平等的成熟關係，也能獨處）、想像力的培養（孤獨時腦細胞有時間作整合，特別是睡眠休息時）、適應生活的變遷、發展個人興趣等等。因此，他認為獨處不同於「孤癖的狀態」，而是一種具有安全感的成熟表現，使人能夠自由地探索精神的內在世界與更深刻的情感。

　　現在問題來了。我們可以認可孤獨的正面好處，但若是一個人的孤獨不是他自願選擇的而又找不到可以依附的親密關係，個人該如何面對這些非自願性的孤獨？

　　村上小說世界的主角蠻多這種情況的。除了本專題所探討論的《東尼瀧谷》外，同學若是有興趣不妨翻一下他的其他小說作品像是《挪威的森林》、《沒有色彩的多崎作和他的巡禮之年》、《沒有女人的男人們》等作品，便可發現他探討了愛情、友情、家庭親情裡的孤獨感，而小說主角們處的孤獨狀態通常是他們無從選擇之下就被設定好，而如何面對這種狀態，構成了每本小說書寫的核心。

　　以《東尼瀧谷》為例，家庭的體制因素讓他從小就得習慣孤獨，他從未認真想過這是否就是他想要的人生。表面上他似乎勇敢地面對這種命運，

實際上卻在遇見女孩之後發現自己其實是一直在逃避。而為了讓自己不再孤獨，他選擇找個伴侶來沖淡這種感覺，卻發現孤獨的命運如影隨行，不管再怎麼努力都難以抵擋。這難道就是村上所要傳遞給我們的解答？從村上其他小說對比看來，東尼瀧谷還可以有其他可能選擇：面對孤獨的命運時，除了逃開之外，還可以試著進入這種命運的風暴裡，並從中尋找及培養獨處的能力；亦即，追問自身孤獨狀態的特質，並正視生命的脆弱與不完美，從中尋找轉化的可能。《海邊的卡夫卡》中的一段文字可以略窺此立場：

> 有時候所謂命運這東西，就像不斷改變前進方向的區域沙風暴一樣。你想要避開它而改變腳步，結果，風暴好像在配合你似的改變腳步。你再一次改變腳步。於是風暴也同樣地再度改變腳步。好幾次又好幾次，簡直就像黎明前和死神所跳的不祥舞步一樣，不斷地重複又重複。你要問為什麼嗎？因為那風暴並不是從某個遠方吹來的與你無關的什麼。換句話說，那就是你自己。那就是你心中的什麼。所以要說你能夠做的，只有放棄掙扎，往那風暴中筆直踏步進去，把眼睛和耳朵緊緊遮住讓沙子進不去，一步一步穿過去就是了。那裡面可能既沒有太陽、沒有月亮、沒有方向，有時候甚至連正常的時間都沒有。那裡只有粉碎的骨頭般細細白白的沙子在高空中飛舞著而已。要想像這樣的沙風暴。（村上春樹，2003：8-9）

對村上而言，命運的風暴跟你這個人的出生存在有關，也就是引文中所提到「那就是你自己。那就是你心中的什麼」。換言之，你是什麼樣的人在某種程度上決定你會遇到什麼樣的命運風暴，因此，改變的力量還有一半是在你身上！如果你不在所處的孤獨情境中面對你內心的黑暗面與逃避心理，那麼終將找不到承擔現實責任及追求夢想的勇氣。

（二）強化敘事能力來抵擋體系的巨大同化力

　　是不是每個人都能在孤獨的脆弱中找到像村上所說的對抗命運的強悍勇氣？有沒有可能還沒找到之前就被自己內心的黑暗所吞噬？村上透過不同小說主角與情節來處理相關的問題，對自己命運有疑惑的同學們不妨參考看看！

　　不管是孑然一身的東尼瀧谷還是有戀衣癖的英子，他們的生命情境都相當單調，沒什麼色彩可言！從電影中我們看不出他們跟朋友與其他人有太多的互動，以及和各自的親人有更深刻的交流。或許是他們的成長背景使然吧！然而，自我在面對這些體系所造成現狀時，難道只能像宿命般地接受安排？村上在兩部與東京地下鐵沙林毒氣事件有關的報導文學作品中，指出了其他可獨行的出路。

　　1995 年 3 月 20 日早晨，在看似是個再也平常不過的通勤春日裡，神祕宗教組織奧姆真理教出動了五組人馬，帶著裝有沙林毒氣的袋子，分別在靠近日本政府中心地帶的五輛地鐵列車上放置、穿刺，散發出來的致命

液體總共造成了十三個人死亡、三千八百多位民眾輕重傷，粗估受到波及產生沙林中毒現象的人高達五千人。村上春樹認為新聞報導並沒有觸及事件的問題核心，因此決定以小說家的角度來訪談受害者與加害者，分別完成了《地下鐵事件》與《拘束的場所》。

在進行《約束的場所》訪談過程中，村上發現這些教徒裡不乏許多出身名校的理工科社會菁英，而他們生命中的某些內在層面跟自己有著極高的相似性：在成長過程中討厭過學校、覺得自己與周遭環境格格不入、對社會與家庭懷有不信任感、無法接受其他人為他安排好的道路、無法將自己放在周遭人視為理所當然的現實裡，也曾被學校、家庭與現實以外的某種東西強烈吸引。他說道：

> 他們或許有點想太多了。也許心理稍微有點受傷。或許他們無法順利跟周圍的人真心溝通，而有一點煩惱。或許不能順利找到自我表現的手段，而在自尊與自卑之間激烈地來回掙扎。那可能是我，也可能是你。我們的日常生活和含有危險性的狂熱宗教分隔的一面牆，或許遠比我們所想像的要來得薄也不一定。（村上春樹，2002：258）

然而，為什麼村上自己沒受到真理教所吸引呢？他發現跟這群菁英最大的不同點在於：他們都不讀小說！這些不讀小說的教徒很可能對於故事成立的方式沒有相當的瞭解，也無法在虛構故事與現實處境之間劃出清楚的界限；換句話說，他們對於「虛構」的強大吸引力並不具免疫力，而正好，真理教教主麻原所提供的世界觀基本上是超出經驗可印證的「虛構故事」，沒有抵抗力的教徒只能全盤接收。

　　村上進一步從小說家的角度指出，這群信徒之所以無法抵擋虛構故事的魔力，主要有兩個原因：

1. 這些信徒其實都歷經了「讓渡自我」的過程：在現實人生中放棄自我作主的主動性而與一個「外在更大的自我」同化，因為一旦將自己交付出來，就不必費心辛苦面對現實的煩惱與複雜了。不知同學有沒有這樣的體驗，進入大學後發現自己變自由了，同時也發現它的代價是什麼事都要自己來張羅和解決，許多責任或看不到壓力也迎面而來。三餐要吃什麼？出門要穿哪件衣服？將來有沒有辦法養活自己等等，認真想起來，還真的蠻煩人的。因此，有些人便開始懷念起高中什麼都不必想的制式生活，自由並沒有想像中那麼美好！只是，跟著學校規定過生活剛開始是蠻輕鬆愉快的，久了之後，你會發現自己什麼都不能決定，你只能被動地接受學校規定的方向走。一旦你開始有了想法、主觀價值判斷或自己想走的人生方向時，自我就必須把這種「主動性」拿回來，並勇於面對現實中的麻煩或不如意的事。相較之下，進入教團的信徒就沒有這種打算！他們自願放棄這種主動性，讓教主所提供的解決方案取代一切。然而，人的存在其實包含著複雜層次的故事性，它不但既真實又虛構，同時也難免會出現黑暗面。讓別人接管我們的自我或許一時輕鬆自在，只是當這個接管的體系反過來要求我們去做些瘋狂的事時，自我對此則毫無招架之力，只能任由體系擺佈和安排。

2. 他們對故事成立方式不夠瞭解：身為一位小說家，村上發現他從事的工作竟然跟真理教教主麻原很相似：都在虛構一個故事吸引他人進入。不同的是，麻原故事中的世界是一種具「封閉

的迴路」式的體制化世界，讀者在進入之後容易把虛構和真實混淆在一起，並找不到離開的出口。換句話說，在麻原的世界中只有一種唯一的故事，其他人的故事都被他封閉起來。但村上認為小說家所虛構的故事只是盡可能提供觀察和假設，至於接受與否的判斷，則留待讀者。而不管虛構故事或小說再怎麼精彩迷人，仍然無法取代我們所需面對的現實，在我們蓋上書本的同時，我們也隨即回到自己熟悉的現實；亦即，該故事對讀者而言是開放的，而其中「虛構」與「現實」的「連續性」是沒有被切斷的。就好比我們在電影院中享受完聲光效果所營造的世界後，落幕燈亮之後我們馬上被推回現實之中。

綜括上述，村上想強調的是自我敘事的重要性。它不僅是一個人維持心靈與情緒健康的重要能力，同時也是尋找人生方向的關鍵。更重要的是，唯有個人擁有了這種說自己人生故事的能力，才有可能抵抗某些體制的虛構同化力量。從另一個角度看，一個人會被某種虛構世界所吸引，在某種程度是自我在現實上找不到足夠的抵抗力量，連帶地也想逃避所有的一切。如果我們有類似的困擾的話，他建議我們可以從各類型的小說和音樂中汲取適合自己的支援力量，然後再用自己的方式來形成個人獨特的喜好與價值判斷。他曾在一篇〈有留白的音樂聽不膩〉中提到音樂世界所帶來的力量：

　　對我來說，音樂這東西最大的好處是什麼？可能是，可以清楚知道好東西和壞東西的差別吧。知道大的差別，也知道中的差別，有些情況連非常微妙的小差別也能辨識出來。當然這是指對自己來說的好東西或壞東西，雖然只是個性的基準，不過知道或不知道那差別，類似人生的質感這東西，可能就有很大的不同。價值判斷的不斷累積，正形成我們的人生。這對有些人來說是繪

畫，對有些人是葡萄酒，對有些人是食物，以我的情況是音樂。
光是這點，在遇到真正好音樂時的喜悅，說起來真是好得沒話說。
說得極端一點，會覺得活著真好。（村上春樹，2012：93-94）

　　的確，對於不曾看小說的人而言，的確無法判別什麼故事才是好的故事；如果我們都不嘗試聽各種類型的聲音，也會找不到真正喜歡或聽起來舒服的音樂，更別說會有覺得活著真好的感受！同理，音樂不只是音樂，小說也不僅是小說，它們都會讓我們的人生質感有所不同，同時對於別人的說法或各種體系皆具有一定的判斷力！

　　是否不讀小說的人在面對虛構之物時就完全不具備免疫力？讀小說的人就一定有能力在虛構和真實之畫出清楚的界線？村上的觀點還有進一步檢視的必要，可能得請同學們試著找一本小說來自我測試一下！

四、延伸議題

1. 村上春樹的小說很難用影像的方式來表達,因此在他諸多小說作品中只有《東尼瀧谷》、《挪威的森林》被改編成影像作品。為什麼他的小說這麼難用影像來傳遞?請試著找一本他的作品來閱讀後,並具體地就內容來陳述你的觀點。

2. 曾經在分組專題報告時,有組同學以村上的《挪威的森林》電影為報告的主題,並對於裡頭男主角所遇到的各種情色艷遇大感不解。請問:村上小說中常會出現許多的性愛場面,究竟是受到日本 AV 文化的影響,還是有什麼特別的意涵?

3. 電影中的主角東尼原本已經習慣孤獨的生活,為何會受到喜愛時尚衣服的英子所吸引?當一個人無法驅除自身的孤獨感時,找一個人來作伴是個明智的策略嗎?

4. 電影裡英子不斷地以購買衣物來滿足自己,你認為這算是一種「成癮症」嗎?當一個人得不斷地透過物質的滿足來填滿內心的空虛時,你覺得會有什麼後遺症?

5. 想像一下,如果你有像東尼瀧谷這樣類型的朋友,對於他的遭遇,有什麼事是你可以幫得上忙的?如果你的性格中也有些東尼瀧谷的影子,你會怎麼來看待他最後孤寂的結局?

6. 在數位科技發達的今日，透過臉書等社群團體我們可以跟很多朋友互動，「孤獨」這件事很難跟每個人臉書中快樂的貼文或貼圖聯想在一起。然而，科技真的可以滿足我們心中所有的渴望且讓人不再孤獨寂寞，還是它反而弱化了我們獨自面對自己的能耐？請試著就你曾使用類似社群軟體的經驗來回答。

7. 我們在成長的過程中或多或少都會受到文化體制的影響與限制，或是在家庭，或是在學校。不知你是否有受到這些體制壓迫到喘不過氣的經驗？你認為在這些限制之下，個人能夠保有的自由空間有多少？

8. 村上春樹在《約束的場所》這本書末這樣描述這群加入奧姆真理教的教徒：「他們或許有點想太多了。也許心理稍微有點受傷。或許他們無法順利跟周圍的人真心溝通，而有一點煩惱。或許不能順利找到自我表現的手段，而在自尊與自卑之間激烈地來回掙扎。那可能是我，也可能是你。我們的日常生活和含有危險性的狂熱宗教分隔的一面牆，或許遠比我們所想像的要來得薄也不一定。」（村上春樹，2002：258）當一個人跟整個大多數人認同的社會體制格格不入時，是否會如村上所分析會在宗教中尋求慰藉與認同感？

9. 根據村上對東京地下鐵事件的分析，他發現這群真理教的教徒們有個共同特徵就是「不讀小說」，而村上的職業偏偏是鎮日在虛構故事的小說家。你認為一個人不看小說真的會如他所說言無法在虛構和真實之間劃出一條界線？

10. 村上對於東京地下鐵事件的分析中指出，這個重大事件發生的根源性在於日本社會體制無法回應與處理這些悲劇，而之後所衍生出的許多計畫性與無差性殺人的模仿犯，更是印證了村上的觀察。若與臺灣曾發生在北捷上的鄭捷殺人案，你認為我們的社會體制本身出了問題，還是純屬鄭捷本人的個別問題？

五、推薦影片

挪威的森林 （Norwegian Wood）	陳英雄 / 松山研一、菊地凜子、水原希子	134 mins	山水電影 /2010
楢山節考 （Ballad of Narayama）	木下惠介 / 田中絹代、望月優子、宮口精二	98 mins	新勳 /1958
武士的一分 （Love and Honor）	山田洋次 / 木村拓栽	125 mins	海鵬 /2006
告白 （confession）	中島哲也 / 松隆子、岡田將生、木村佳乃	107 mins	傳影互動 /2010
下妻物語 （Kamikaze Girls）	中島哲也 / 深田恭子、土屋安娜	102 mins	巨圖科技 /2004
往復書簡 （A Chorus of Angels）	阪本順治 / 吉永小百合、宮崎葵、柴田恭兵	122 mins	天馬行空 /2012
援助交際 24 小時 （24 Hours）	原田真人 / 役所廣司、佐藤仁美	109 mins	冠鈞多媒體 /1999
電車男 （A True Love Story）	村上正典 / 山田孝之、中谷美紀	100 mins	龍祥電影 /2005
白色巨塔 （The Hospital）	蔡岳勳 / 言承旭、戴立忍、張國柱、張鈞甯	2340 mins	揚名影視股份有限公司 /2006
聽說桐島退社了 （The Kirishima Thing）	吉田大八 / 神木隆之介、橋本愛、大後壽壽花	104 mins	傳影互動 /2013

六、參考與深度閱讀書目

參考書目

- 史脫爾（Anthony Storr）（2009）。《孤獨》。臺北：八正文化。
- 村上春樹（1998）。《地下鐵事件》。臺北：時報文化。
- 村上春樹（2003）。《海邊的卡夫卡（上）（下）》。臺北：時報文化。
- 村上春樹（2005）。《萊辛頓的幽靈》。臺北：時報文化。
- 村上春樹（2010）。《挪威的森林》。臺北：時報文化。
- 村上春樹（2012）。《村上春樹雜文集》。臺北：時報文化。
- 柯萊恩（Stephen Klein）（2004）。《不斷幸福論》。臺北：大塊文化。
- 楊照（2011）。《永遠的少年：村上春樹與《海邊的卡夫卡》》。臺北：本事文化。
- 潘乃德（Ruth Benedict）（2009）。《菊花與劍》。臺北：桂冠圖書。

深度閱讀

- 村上春樹（2002）。《約束的場所：地下鐵事件 II》。臺北：時報文化。
- 村上春樹（2004）。《村上春樹去見河合隼雄》。臺北：時報文化。
- 村上春樹（2013）。《沒有色彩的多崎作和他的巡禮之年》。臺北：時報文化。
- 村上春樹（2014）。《沒有女人的男人們》。臺北：時報文化。
- 河合俊雄（2014）。《當村上春樹遇見榮格：從《1Q84》的夢物語談起》。臺北：心靈工坊。
- 湯禎兆 （2012）。《整形日本》。臺北：博雅書屋。

第 八 章

職場上的兩難

電影《造雨人》打工與生涯規畫之兩難

電影檔案：

片名：造雨人（The Rainmaker）

導演：法蘭西斯‧柯波拉（Francis Ford Coppola）

演員：麥特‧戴蒙（Matthew Paige Damon）、丹尼‧狄維托（Danny Devito）、強‧沃特（Jon Voight）

長度：133 分

出版公司：派拉蒙影業

出版年份：1997

一、前言

> 如果探究那個應該成為所有法律體系目標的全體成員的最高幸福究竟在哪裡，我們會發現它可以歸結在兩個目標上：自由與平等。自由是目標，因為任何人的依賴性都意味著一部分力量被國家共同體抽掉了；平等是目標，則是因為沒有平等，自由便不能存在。……就財富而言，平等是指沒有一個公民能夠富裕到可以購買另一個公民，而且沒有一個公民貧窮到被迫出賣他自己；從而平等便又意味著位高勢尊的人應該在財富和影響上保持節制，而地位相對卑下的人則應該在貪婪和妄羨上保持節制。（盧梭，2009：129）

> 臺灣經濟之所以有轉型困難，就是因為我們離理想的創新生態系統還有一大段距離，但原本擠壓低成本的效率經濟產業，卻又明顯不敵越南與中國大陸（朱敬一，2015：30）

> 臺灣社會年輕人的普遍不滿，追根究柢，絕對與下層建築經濟體質的不健康有關。這個問題的解決不能只靠政治，關鍵在於經濟轉型，要將臺灣目前大多數的跟隨型企業逐漸轉變為創新型企業。這件事說比做容易，因為「轉型」這個動詞的主體在企業本身。他們若是想要轉型早就轉了；他們若不想轉型一定是有些什麼制度性的阻礙。（朱敬一，2015：37）

呼應〈讀大學的兩難〉這個專題，許多同學進入大學之後必須面對的現實問題便是：是否該透過打工來賺取生活費，以減輕家裡的經濟負擔？從培養技職的觀點來看，打工可以讓同學及早接觸社會與職場，除了可以增進個

人對生活的現實感外，靠自己的能力賺取收入也有助於個人的獨立；就讀大學的角度而言，許多同學的打工其實都被當血汗的廉價勞工在用，而每月所賺到微薄的工讀費相較於巨額的助學貸款簡直就像杯水車薪，與其如此，不如專心上課，累積能讓自己將來賺更多錢的能耐。不然讀了四年出來大家的能力都差不多，難敵臺灣現有低價（甚至是削價）競爭的代工產業結構。

對於只想要拿學歷的同學而言，打工似乎是個兩全其美的策略，然而，倘若打工無法跟將來的求職就業接榫，或是安於打工的短期利益而無心累積將來能賺取更多財富的可能專業能力，那麼，可預期的是將來在職場上會陷入始料未及的困境。看看約翰‧葛里遜《造雨人》中主角的遭遇，說不定可以重新幫我們審視一下打工與求職過程所可能出現的兩難！

二、金錢誘惑下的職場倫理：
《造雨人》簡介

　　這部電影由兩個主題所交織構成。一個是與保險有關的官司，另一個則是涉及婚姻暴力的問題。串起這兩個主題的核心人物為魯迪這位律師（麥特・戴蒙主演）。魯迪是位甫從法學院畢業的學生。因未出身名校，再加上家庭的貧困，使他「飢」不擇職，不得不先找個小律師事務所謀職求生。他來到由綽號「彪漢」（米基・洛克飾）的律師事務所，開始他的律師生涯。由於曼菲斯這個地方律師實在太多，大家搶工作搶得不亦樂乎。好在他在大學打工時已有兩位客戶，其中一個牽涉到保險給付。他的第一個也是最後一個官司，便從這裡開始。

　　根據美國消費者之父拉夫・奈德（Ralph Nader）在《打不起的官司》一書中的說法，大型法律事務所動輒上百人，有的還擁有五、六百人不等，處理各大跨國或國內大型的企業。他們在與大企業結合之後，便喪失法律人應有的理念，成為名符其實的「魔鬼代言人」。他們擅長運用各種訴訟手段和技巧，挾以強大的權勢和金錢，使得一些小公司和個人無法打贏官司，形成大型企業在在司法制度上獨霸一方的局面。

　　面對法律訴訟，個人或小公司的致命點在於「不耐久拖」。不僅是時間上不允許，金錢上也無法承受。先不說美國訴訟高額的費用，光是臺灣的訴訟就不是一般平民老百姓受得了的。魯迪要告的大型保險公司名為葛班。該公司十分惡質，專門找貧民區的居民下手。先說服他們投保，然後收取他們的辛苦錢，而在保戶真的發生意外事件時，卻又以各種法律手段來拒絕給付。換言之，他們寧願將錢花在請「一群」律師上，也不願付保戶錢。保險的目的在於「不怕一萬，只怕萬一」；當「萬一」的厄運發生時，

保險公司又拒絕給付，這時的你，該怎麼辦？這部片子很寫實地將該法律現實呈現出來。沒有保險給付的人在還沒等到看到勝訴時便已活活「病死」（因為付不起骨髓移植的昂貴費用）；諷刺的是，就算後來勝訴了，對方宣告破產，也是一毛錢也拿不到。如果古人曾講「千金之子，不死於市」的話有道理，那麼，「窮苦貧民，必死無疑」就不必大驚小怪了。

這部電影的另一個主題是家暴。為了搶拉客戶，除了勤跑車禍現場以爭取車禍賠償官司，魯迪還得到醫院「物色」客戶，而魯迪就在邊準備律師考試邊拉業績的情況遇到了傷痕累累的凱麗，她是位典型的婚姻暴力下的犧牲品。無親無故，很早就下嫁。但遇人不淑，老公脾氣暴躁不定，常拿球棒把她當球打。看著鼻青臉腫的凱麗，他從原先的拉生意轉成同情，再由同情轉成曖昧的情愫。對魯迪來說，要和她在一起的方法就是勸她離開。但是恐懼始終讓凱麗怯步，心想對方可能是太愛她才會表現這樣，下次應該就不會了。然而相關的研究都指出，暴力行為發生是有階段循環性的，剛開始是「引發期」，再來則「產生暴力」，暴力過後，會有一段「蜜月期」。當然，「蜜月期」後就又故態復萌了。魯迪看了相當不忍，卻也愛莫能助。直到有一天凱麗又被打得很慘並在女性友人避難時向他求助時，他才真正介入這個事件。就在陪凱麗回家拿東西時卻巧遇她先生，一番爭鬥後失手殺了她先生。魯迪從原本的法律協助者變成當事者，因一時的衝動而知法犯法，他該如何繼續他的法律工作呢？原本準備賠償五千萬美金保險公司惡性倒閉，預先支付訴訟費用的事務所也付不出薪水，魯迪的律師之路接下來要怎麼走？

葛里遜的小說，習慣讓主角自己也深陷於法律問題中，這部影片也不例外。依個人的見解，他似乎想凸顯這樣的事實：他要描寫的律師，是一位有血有肉的人。也正因為深陷於法律的糾紛中，他才能夠將心比心為他人設想，同情弱者和伸張正義的決心。在殘酷無情的法律社會中，我們眼

睜睜看著一個血癌患者因領不到保險給付而坐以待斃，這和看一個人活活餓死是沒有什麼兩樣，正是「朱門酒肉臭，路有凍死骨」，古今中外皆然。同樣地，在婚姻暴力中，傳統上都認為「清官難斷家務事」、「法不入家門」，我們只能眼睜睜地看著一個人差點被打死而完全使不上力。

魯迪這個角色，或許是作者當用來凸顯弱者的無助，以及作為批判隱藏在法律程序背後的殘酷不平等。很多看起來是合法的事卻是極度不正義的，而在法律程序與金錢利益的操弄下人命變得完全不值錢，更別說個人有追求幸福和實現人生目標的可能了。如果你曾經有過法律訴訟的經驗，你會希望有像魯迪這樣的律師站在你這邊；要是你也像魯迪一樣認真打工卻改變不了自身的經濟不利處境，那麼葛里遜小說與柯波拉電影中所描述的不平等現況正好是你的寫照！

三、衝突點剖析

　　約翰・葛里遜（John Grisham）於 1955 年生於美國阿肯色州。於密西西比州州立大學法學院畢業，曾任執業律師、州議員。葛里遜從小家境貧困，平時愛閱讀，偶爾也寫些東西，他最大的夢想不是成為律師，而是當個職棒選手。高中時發現自己實在不是那塊料，因此進入密西根州立大學主修會計，打算將來當個稅務員。畢業後覺得一輩子當稅務員實在太無趣了，又想到自己思路還算清楚，而且能言善道，再次轉換跑道改念法律。1981 年畢業後順利考上律師執照，成為開業律師；1983 年被選上州議員，成為政治人物。

　　念法律的人怎麼後來會變成暢銷小說作家呢？原來，葛里遜在長達十年的法界生涯中，看遍形形色色的人物與案件，而這些人生百態比起法律工作有趣多了。一般人可能看過就算，但由於自己還有寫作的興趣，他就利用閒瑕時間將這些內容轉化為小說的情節。葛里遜的成功絕非偶然，成名作《黑色豪門企業》證明了他有吃這行飯的本事。史蒂芬・金在其自傳《論寫作》一書中就十分推崇葛里遜這本小說。他說作家寫作題材的出發點在於自己所熟悉的事物，曾經幹過律師的葛里遜將法律界的黑幕挖出來給我們看，便是最佳的寫作範例。

　　每個行業都有一定的行規，我們簡稱為該行業的職業倫理，亦即對該行業所設定的行為規範。在醫界裡，醫生必須信守救人的誓約，在律師這行呢？根據葛里遜一系列小說和電影所揭示，律師必須遵守二條主要的倫理規範：為客戶保密原則，以及憑著良知來追求公共利益，以維護社會正

義。前者指不論在任何情況之下，律師皆不得洩漏客戶的資料；後者則強調，律師必須是正義和公共利益的代言人，不得昧著良心做出不法的情事來。可惜的是，美國在 70 年代中期之後，隨著資本主義的盛行，法律界亦吹起一股「法律重商主義」（legal commercialism），致使原本應該為弱勢族群打不平的職業，變成是大公司、大財團追求私利的打手。律師們在金錢驅使下，不惜犧牲公共利益或窮人的利益來獲得更大的利潤和回報，或是跟著救護車跑以爭取車禍賠償官司；或是登報徵求醫藥、環保受害者，好提起集體賠償訴訟（參見《死亡傳喚》中的情節）。由此看來，律師這一行倫理所面對的挑戰，可以簡單歸結為：

金錢的誘惑！

為了獲得金錢，律師們必須成為「事務所」的合夥人才有可能賺大錢，什麼誠信原則和公共利益原則，似乎都在「金錢誘惑」下節節敗退。金錢萬能，它不僅讓律師們放棄執業理念（參見《禿鷹律師》），也可以收買陪審團和法官，影響判決的結果（參見《失控的陪審團》和《死亡傳喚》）。儘管如此，葛里遜的小說中仍不忘重申他對法律人應該有的專業倫理信念，並讓主角在千鈞一髮的困境中找出生路：

我先是個人，然後才是個律師。

《造雨人》中的魯迪面對著上述惡劣的職場環境，也開始重新反省自己讀法律的「人性關懷」初衷，還是要隨波逐流地「向錢看齊」？在現實的商業社會中談「弱勢關懷」似乎是種不切實際的空想，然而，魯迪的處境點出了弱勢者最大的問題在於無知於自身的不利以及找不到改變的著力點。而魯迪在本電影中所歷經的抉擇，無疑十分具啟發性。

（一）打工與兼顧學業的兩難

　　魯迪生長於家暴的家庭，家人不足以支付他的生活開銷。求學期間，為了養活自己，除了課餘擔任律師顧問志工獲取法律實務經驗外，晚上更在酒吧當服務生賺工讀費。魯迪如果要走律師這條路的話，當務之急得在最短的時間內考過律師執照。然而，要一面打工兼顧學業並沒有想像中容易，特別是陷入麻煩的法律訴訟之中。對許多同學而言，打工常常跟自己的專業關係不大，但打工後的確會增強自己的現實感以及與他人互動的能力，這些能力是學校鮮少提供的。有不少的同學在開始打工後發現工作有趣多了，開始懷疑學校上課的內容對他們將來就業幫助不大（太多不切實際的理論，不知學這些東西有什麼用），漸漸地往「打工為主，學業為輔」傾斜。的確，又要打工又要兼顧學業，需要比不必打工的人擁有更強的意志力與專注力才有辦法堅持自己想要達成的目標或規畫，否則打工所得的薪資對尚未出社會的同學而言是相當誘人的，相對於比較需要長期投資或培養的基礎能力或技能而言，就不太有同學願意忍受這種孤獨和不確定性。

　　短期來看，打工賺錢似乎比呆坐課堂聽一些自己不感興趣的科目來得明智；長期而言，打工畢竟不是正職，對於一些高薪的工作所要求的專業能力而言，很多同學並無力且無心去規畫與努力。問題是：大學只有四年，如果

不管是打工或正職的所得都無法改變自己的經濟不利處境，那麼在此同學勢必有所抉擇：究竟是要從打工中挖掘自己賺更多錢的能力，還是要回到學校累積更高的基礎能力（像是：外語能力、溝通協調能力、表達能力與解決問題的能力）或專業能力（諸如：相關的專業檢定或證照、能展現自己才能到哪裡的競賽或作品集等等），以期與將來自己理想薪水或人生目標有結合的可能？這裡雖然充滿著變數，不過若是整個大學生活只把重心放在打工，很有可能到畢業還只能找到像打工性質的工作而已！

（二）職場要求與生涯規畫的兩難

　　有打工經驗的同學們會發現，相較於學生自由自在的身分，職場中多了許多規範和要求。有的還算有道理，有的則是隨老板高興要怎麼規定就怎麼規定，甚至不管勞基法等相關法律的規定。以魯迪所處的法律處境而言，由於鉅額的商業利益介入，動搖了法律人應該去信守的倫理要求：本著良知為客戶保密與伸張公平正義。當職場環境悖離個人的初衷和理念時，個人是要放下原則而與現實妥協呢？還是忠於自我離開這個環境？魯迪在選擇後者之前做了許多努力才下了這項人生抉擇，而電影也沒交待離開法律界的他再來將以什麼行業為生。這樣的情況似乎也適用於對職業處於想像階段的同學。

　　身為一位初入職場的菜鳥，由於缺乏足夠的工作經驗且真的需要一份可以養活自己的薪水，常常會對於職場中的不合理要求逆來順受。以臺灣中小企業的體制而言，許多缺乏經驗的新鮮人除了得忍受二萬左右的最低薪資外，還得十項全能地吃下所有老闆所指派的工作與老鳥莫名的欺壓。例如：明明應徵的是美工人員，卻連打掃、買便當的事都得做；老鳥早班該做的事

擺爛留給下一班的菜鳥善後，公司主管卻視而不見。更麻煩的是，如果連假日都被叫來加班卻領不到加班費，這個工作到底是要做還是要辭？倘若整個臺灣企業都慣用這種方式來對待員工時，到底要撐到什麼程度才能累積夠自己想要的工作經驗？該換什麼樣的工作才比較能符合自己的生涯規畫（如果有的話）？如果工作換來換去一直會遇到類似的情況，是否得回過頭來想一下這究竟是自己本身的不足所致，還是整個政治經濟體制出了問題？如果連政府都無法保護我們免於受到企業不合理的壓榨時，那麼勢單力薄的個人該如何在此不利中突圍？

筆者以為，或許可以先從認識經濟利益掛帥下的單一文化陷阱開始！我們的社會中充滿著各式各樣的經濟指標，不管是商業、法律、醫療，甚至是教育與文化，無一倖免，彷彿有了它之後，人們可以從此過著幸福美滿的生活！麥寇絲（F. S. Michaels）稱此為一種「經濟故事」：

> 在經濟故事中，教育被引進到市場世界中成為一種商品。學生成了買家。學校成了賣家，服務提供者競相做起生意，整個教育體系儼然發展成了教育服務業。經濟故事說，教育是私有財而非公共財。教育可以協助個人在人生中取得領先位置。教育很重要，但不是因為教育可以協助你成為健全而有教養的公民，使你能成功地參與社會，而是因為教育可以幫你找到更好的工作，賺更多的錢與改善你的生活品質。（麥寇絲，2015：140）

實際上，經濟故事中隱藏許多的內幕。諾瑞娜・赫茲（Noreena Hertz）《當企業購併國家：全球資本主義與民主之死》這一本書中提出了一個值得參考的宏觀分析。她在闡述資本主義發展的同時，發現許多問題：商業

力如何逐漸凌駕政治力，導致貧者愈貧富者愈富；跨國企業成為巨獸，政府看待商業利益優先於國家和人民的總體利益；而當政府日益無能、無力對企業做出監督與管制時，群眾運動逐漸興起，並結合媒體與消費者主義，發揮影響促使企業改變；以及在社會福利與國家改造方面，企業有逐漸取代政府的趨勢，以公益方式投入社會及福利建設，但是企業很有可能只是披著羊皮的狼，並不具備改變民眾生活或國家現狀的決心，投入公益事業很有可能只是為了該企業的前景與利益。

面對這樣的大環境，個人可以有什麼樣的積極作為？赫茲提到關係全球化資本主義發展的幾個要角：包括國家（以及內部的政府、政黨）、企業（尤其指的是跨國企業）、媒體、反抗勢力（依據消費者或人們不同的需求所形成，如消費者個人、消費者所組成的壓力團體、環保團體、人權團體等）。雖然全球化資本主義所帶來的變化和災難短時間之內並沒有辦法真正被有效抵制或改變，但是赫茲的貢獻在於指出了全球化資本主義的真面目與民主政治的限制，並提醒我們在一味追求經濟利益與企業發展的同時，更該關心這些現象背後所具備的運作邏輯。

當政府被企業綁架，當公民只能無助於受企業剝削，或許該是個人自力救濟與群眾運動崛起的時候了吧！當政府和企業假借拚經濟之名而瘋狂地追逐績效時，我們也該重新審視人性中還有許多珍貴的價值是無法用經濟數據來化約的。

四、延伸議題

1. 本文一開始引用盧梭對社會平等的描述，對照你所看到的臺灣社會經濟現況，你認為他的說法有可能實現嗎？還是只是在陳述一個遙不可及的政治哲學理念？

. . . .

2. 朱敬一先生在《找回臺灣經濟正義與活力》中談到臺灣企業轉型的困境與經濟體制空轉的危機。如果臺灣經濟一直處於空轉的狀態，你認為該情況對你將來的就業會有影響嗎？

. . . .

3. 你曾打過工嗎？試詳細地描述你的打工經驗與它對你大學生活的影響。

. . . .

4. 對於將來的工作，你是否曾想像過它可能的類型？你現在所讀的科系跟你將來的生涯規畫有沒有什麼直接或間接的關連？

. . . .

5. 你曾看過什麼跟「專業倫理」或「職場倫理」有關的電影？裡頭的劇情有哪些牽涉到倫理爭議？影片中的主角又如何在相關的倫理衝突情境全身而退？

. . . .

6. 假設你打工時發現公司並不按照勞基法等相關法令行事，除了未提供相關的勞健保之外，並要求員工作全方位的職務，而這些都不是當初約定的工作項目，是該默默地忍受這些不合理的對待，還是該據法力爭以捍衛自己的權益？

7. 我們在社會新聞中常看到許多法律相關從業人員收受賄賂之事情。究竟司法獨立這件事有可能真正實現嗎？請同學試著的找一則時下法官判決與社會大眾觀感落差甚大的相關新聞來剖析之。

8. 《造雨人》電影中將魯迪塑造成一位相同具有同情心的律師。不論是在處理保險給付官司或家暴案時，無不展現他關懷弱勢與堅持信念的真性情。對於在商言商的法律環境裡，會有這種人存活的空間嗎？對於影片最後的結局，你覺得魯迪所作的抉擇好嗎？

9. 我們常耳聞有些公司業務員工為了搶單而不擇手段，或是大學生為了供應自己的學費和生活費而出入聲色場所賺錢，對於這些情況，雖然我們非當事人而無法明確地得知實際的情況，但並不就意味它可以免於任何的倫理評價。若你身旁的人有這些情形時，你會怎麼來看待或評價他們？

10. 如果你曾經打過工，那麼你是否遇過本文所提到的兩難？除了本文所提到的情境外，是否可以跟我們分享一下你所碰過的兩難經驗？

五、推薦影片

黑色豪門企業 （The Firm）	薛尼・波拉克／ 湯姆・克魯斯、珍妮・翠柏虹、 金・哈克曼、霍爾・布魯克	154 mins	派拉蒙影業 /1993
殺戮時刻 （A Time To Kill）	喬伊・舒馬克／ 馬修・麥康納、珊卓・布拉克、 山繆・傑克森、凱文・史貝西	149 mins	華納兄弟影視 /1996
失控的陪審團 （Runaway Jury）	蓋瑞・佛列德／ 約翰・庫薩克、瑞秋・懷茲、金・哈克曼、 達斯汀・霍夫曼、布魯斯・麥吉爾	127 mins	福斯影業 /2003
魔鬼代言人 （Devil's Advocate）	泰勒・哈克佛／ 艾爾・帕西諾、莎莉・賽隆、基努・李維、 泰勒・哈克佛	144 mins	華納兄弟影視 /1997
王牌大律師（日劇） （Legal high）	石川淳一、城寶秀則／ 堺雅人、新垣結衣、田口淳之介、 里見浩太朗	594 mins	富士電視台 /2012
威龍闖天關 （Justice，My Foot）	杜琪峰／ 周星馳、梅豔芳、吳孟達、秦沛	100 mins	大都會電影製作有限公司 /1992
未生 （misaeng）	金元錫／ 任時完、李聖旻、姜素拉、 姜河那、卞耀漢、申恩廷	1430 mins	韓國有線電視 /2014
實習男生存法則 （10 Minutes）	李容承／ 白鍾煥、金鍾九、鄭熙泰、李時媛	92 mins	傳影互動 /2013
穿著 Prada 的惡魔 （The Devil Wears Prada）	大衛・法蘭科／ 梅莉・史翠普、安・海瑟薇、愛蜜莉・布朗 史丹利・圖奇、安瑞・葛雷、賽門・貝克	109 mins	福斯影業 /2006
摩鐵路之城 （City of Motels）	尤鴻翼／ 邱翊橙、房思瑜、歐陽妮妮、梁正群、 王靜瑩、王書喬、蔡明修、劉大瑋、曾奕翔	90 mins	翡士特製片 /2014

六、參考與深度閱讀書目

參考書目

- 奈德（Ralph Nader）（2000）。《打不起的官司：商務律師與司法的敗壞》。臺北：商周。
- 葛里遜（John Grisham）（1995）。《造雨人》。臺北：智庫文化。
- 葛里遜（John Grisham）（1995）。《死亡傳喚》。臺北：智庫文化。
- 葛里遜（John Grisham）（2004a）。《失控的陪審團》。臺北：智庫文化。
- 葛里遜（John Grisham）（2006）。《禿鷹律師》。臺北：遠流文化。
- 赫茲（Noreena Hertz）（2014）。《當企業購併國家：從全球資本主義，反思民主、分配與公平正義》（十週年紀念版）。臺北：經濟新潮社。

深度閱讀

- 卡拉貝爾（Zachary Karabell）（2015）。《當經濟指標統治我們：從GDP、失業率、通貨膨脹、貿易差額⋯反思我們的經濟生活》。臺北：左岸文化。
- 朱敬一（2015）。《找回臺灣經濟正義與活力》。臺北：天下文化。
- 狄波頓（Alain de Botton）（2010）。《工作！工作！：影響我們生命的重要風景》。臺北：先覺。
- 林宗弘等（2011）。《崩世代：財團化、貧窮化與少子女化的危機》。臺北：臺灣勞工陣線。
- 阿姆斯壯（John Armstrong）（2012）。《如何不為錢煩惱》。臺北：先覺。
- 柯爾（Diane Coyle）（2014）。《被賣掉的未來：拚經濟，不該拚掉我們的未來》。臺北：好優文化。
- 葛里遜（John Grisham）（2004b）。《街頭律師》。臺北：智庫文化。
- 麥蔻絲（F.S. Michaels）（2015）。《單一文化的陷阱》。臺北：木馬文化。
- 盧梭（Jean-Jacques Rousseau）（2009）。《社會契約論》。北京：九州。